28 Sep

Édition : Isabel Tardif
Design graphique : Christine Hébert
Infographie : Chantal Landry
Traitement des images : Johanne lemay
Révision : Lise Duquette et Caroline Hugny
Correction : Odile Dallaserra

DISTRIBUTEURS EXCLUSIFS :
Pour le Canada et les États-Unis :
MESSAGERIES ADP inc.*
Téléphone : 450-640-1237
Internet : www.messageries-adp.com
* filiale du Groupe Sogides inc.,
  filiale de Québecor Média inc.

Pour la France et les autres pays :
INTERFORUM editis
Téléphone : 33 (0) 1 49 59 11 56/91
Service commandes France Métropolitaine
Téléphone : 33 (0) 2 38 32 71 00
Internet : www.interforum.fr
Service commandes Export – DOM-TOM
Internet : www.interforum.fr
Courriel : cdes-export@interforum.fr

Pour la Suisse :
INTERFORUM editis SUISSE
Téléphone : 41 (0) 26 460 80 60
Internet : www.interforumsuisse.ch
Courriel : office@interforumsuisse.ch
Distributeur : OLF S.A.
Commandes :
Téléphone : 41 (0) 26 467 53 33
Internet : www.olf.ch
Courriel : information@olf.ch

Pour la Belgique et le Luxembourg :
INTERFORUM BENELUX S.A.
Téléphone : 32 (0) 10 42 03 20
Internet : www.interforum.be
Courriel : info@interforum.be

Catalogage avant publication de Bibliothèque et Archives
nationales du Québec et Bibliothèque et Archives Canada

Delisle-Crevier, Patrick, auteur

Patrick Bourgeois raconté par... / Patrick Delisle-Crevier.

ISBN 978-2-89703-453-5

1. Bourgeois, Patrick. 2. Chanteurs - Québec (Province)
- Biographies. I. Titre.

ML420.B68D44 2018   782.42164092   C2018-942407-9

SUIVEZ-NOUS SUR LE WEB
Consultez nos sites Internet et inscrivez-vous à l'infolettre
pour rester informé en tout temps de nos publications et de
nos concours en ligne. Et croisez aussi vos auteurs préférés
et notre équipe sur nos blogues !

EDITIONS-LASEMAINE.COM
EDITIONS-HOMME.COM
EDITIONS-JOUR.COM
EDITIONS-PETITHOMME.COM
EDITIONS-LAGRIFFE.COM
RECTOVERSO-EDITEUR.COM
QUEBEC-LIVRES.COM

10-18

Imprimé au Canada

© 2018, Les Éditions La Semaine,
division du Groupe Sogides inc.,
filiale de Québecor Média inc.
(Montréal, Québec)

Tous droits réservés

Dépôt légal : 2018
Bibliothèque et Archives nationales du Québec
ISBN (version papier) 978-2-89703-453-5
ISBN (version numérique) 978-2-89703-480-1

Gouvernement du Québec – Programme de crédit
d'impôt pour l'édition de livres – Gestion SODEC –
www.sodec.gouv.qc.ca

L'Éditeur bénéficie du soutien de la Société de
développement des entreprises culturelles du
Québec pour son programme d'édition.

Conseil des Arts   Canada Council
du Canada   for the Arts

Nous remercions le Conseil des Arts du Canada de
l'aide accordée à notre programme de publication.

Financé par le gouvernement du Canada
Funded by the Government of Canada   Canadä

Nous reconnaissons l'aide financière du gouvernement du Canada par l'entremise du Fonds du
livre du Canada pour nos activités d'édition.

PATRICK DELISLE-CREVIER

PATRICK BOURGEOIS
raconté par...

ÉDITIONS LA SEMAINE

Une société de Québecor Média

INTRODUCTION

Mon premier contact avec Patrick Bourgeois s'est fait par l'entremise de la chanteuse Marie Carmen, alors conjointe de François Jean, un membre des BB. Cela remonte à la fin des années 1980. J'étais ado et j'avais rencontré par hasard Marie Carmen dans une animalerie. À cette époque, je commençais à m'intéresser à la musique d'ici et, après un court échange, Marie Carmen m'a lancé : «Viens voir mon spectacle demain soir au Spectrum, c'est le *show* Bud du mois.» Je ne savais même pas que la femme devant moi était chanteuse...

Je suis donc allé voir son spectacle et j'ai découvert que la chanson *T'oublier*, qui tournait en boucle à la radio, c'était elle! Après sa prestation, comme promis, je suis passé la saluer en coulisse pour lui dire que j'avais adoré. Au même moment, un des gars dans la loge m'a demandé : «Et Les BB, est-ce que tu adores

UN MOT DE MARIE CARMEN

1985-1995.
C'était celles-là, nos années à nous.

Une décennie tellement remplie de nos rêves, de nos projets, de notre énergie, de notre belle jeunesse débordante de folie, et de tant de folies aussi.

Beaucoup de souvenirs gravés à jamais en moi, tatoués au cœur et en mémoire...

Bien sûr, en cours de route, quelques irritants ici et là, mais qui se sont dissipés quand il est parti.

Parce qu'il y a de ces jours, dans la vie, où la mort, la maladie, remettent toujours les pendules à l'heure, les choses essentielles à la bonne place.

Alors repose, repose, repose, ami Patrick.
Je garderai de toi le drôle, le génial, l'inspirant, le sexy, l'irrésistible, le raisonnable, le fou...

Amour toujours.
Marie Carmen xx

Marie Carmen et
Patrick Delisle-Crevier

ça aussi ? » Je me souviens avoir répondu, avec un certain dédain dans la voix et dans le geste : « Non, ce n'est pas trop mon genre. » Je ne savais pas que l'homme devant moi était le batteur du populaire groupe. François Jean ne s'est pas offusqué de ma réponse et, en bon joueur, il m'a dit : « Viens voir notre *show* la semaine prochaine et tu m'en donneras des nouvelles. » Quelques jours plus tard, j'assistais pour la première fois à un de leurs spectacle, alors que la BB mania soufflait très fort sur le Québec.

Dès les premières notes de *Loulou*, des cris stridents ont fusé de partout. Le public, majoritairement composé de jeunes filles, était en délire. Ça m'a fait sourire. Il y avait une telle frénésie dans l'air ! Les fans semblaient n'en n'avoir que pour Patrick Bourgeois, le beau chanteur du groupe.

Mais ce soir-là, j'ai surtout remarqué deux choses : Les BB étaient d'excellents musiciens et Patrick avait une voix exceptionnelle. Quand je suis sorti de la salle, j'avais changé d'opinion sur le groupe. J'ai mis mes préjugés aux poubelles et j'ai écouté en boucle leurs cassettes dans les jours qui ont suivi. Cette musique, je l'écoute encore, 30 ans plus tard.

Ma première véritable rencontre avec Patrick Bourgeois allait avoir lieu plusieurs années plus tard, alors que j'étais journaliste pour le magazine *La Semaine*. Une série d'événements ont fait en sorte que nous sommes devenus des amis. Il ne restait plus rien de la BB mania à cette époque. Patrick travaillait alors en rédaction dans le domaine des magazines, et il cumulait différents boulots en production et en construction. C'était un gars drôle comme pas un, il avait toujours le mot ou l'anecdote pour faire rire.

J'allais goûter encore à son humour lors de notre dernière rencontre, l'été avant son départ, alors que nous étions dans les coulisses d'un spectacle à Longueuil. Il est arrivé vers moi et il m'a dit : « Hey, mon Pat, j'ai trouvé la chanson que j'aimerais que l'on joue à mes funérailles. » Je l'ai alors regardé, un peu perplexe et surpris par cette confidence, surtout que Patrick était du genre à croquer dans la vie sans accorder la moindre importance à la grande faucheuse.

Il s'est approché de mon oreille. Je m'attendais à un truc sérieux, à une chanson de Brel, de Ferré ou de Ginette Reno. Mais il m'a fredonné, le plus sérieusement du monde, « pourquoi t'es dans la ur-ne », sur l'air de son succès *T'es dans la lune*... Puis il a éclaté de rire. Il était fier de sa blague...

C'était ça, Patrick Bourgeois : un beau et fantastique clown. Ce jour-là, entre deux traitements de chimio, il souffrait, il était fatigué, mais il n'a jamais cessé d'être drôle. Il n'a jamais cessé de chanter non plus.

Quand on m'a lancé l'idée d'écrire une biographie de Patrick Bourgeois, j'ai d'abord dit non. Simplement parce que, selon moi, Patrick Bourgeois n'aurait pas voulu que l'on déballe sa vie de A à Z dans un livre, et l'idée de faire cet exercice sans lui ne me plaisait pas. Cependant, en jasant avec quelques artistes au lendemain de sa mort, j'ai eu l'idée de faire ce livre qui allait avoir pour titre *Patrick Bourgeois, raconté par...*

Ce livre, que vous tenez entre vos mains, est un ouvrage dans lequel une quarantaine de personnes racontent « leur » Patrick Bourgeois. Son père, Raymond, nous raconte l'enfance de son fils. Des artistes tels que Alain Lapointe, Kathleen, Bruno Landry, Marc Drouin, Marie Denise Pelletier, Mitsou, Sylvain Cossette et plusieurs autres partagent des souvenirs de Patrick à différentes périodes de sa vie. Des gens de l'industrie, à l'ère de la BB mania, relatent cette époque où Les BB étaient au sommet de la gloire. Les deux femmes de sa vie, José et Mélanie, nous offrent aussi leurs souvenirs, et ses trois enfants Pénélope, Ludovick et Marie-William ajoutent leur voix à l'ensemble.

Ce livre est une façon de rendre hommage à Patrick Bourgeois, à l'homme qu'il a été et à sa musique qui passe encore à la radio et fait toujours chanter le Québec en entier, des décennies plus tard. *Patrick Bourgeois, raconté par...*, c'est un dernier clin d'œil à cette rock star qui faisait rêver les jeunes filles et qui, par un beau concours de circonstances, est devenu mon ami.

Patrick Delisle-Crevier

L'ABSENCE DE FRANÇOIS JEAN...

À regret, aucun des chapitres du livre n'est directement raconté par François Jean, membre des BB, bien qu'il soit indissociable de l'histoire de Patrick. Écrire ce livre sans y inclure le point de vue du batteur du groupe était difficilement envisageable au départ. Mais des poursuites judiciaires qui sont actuellement en cours entre lui et la famille de Patrick sont venues changer nos plans. Nous jugeons qu'il serait inapproprié que celui-ci rende hommage à Patrick dans un livre durant ces procédures.

RAYMOND
BOURGEOIS

QUATRE ANS... LA PREMIÈRE GUITARE

Joseph Louis Patrick Bourgeois est né le 16 juin 1962 à Montréal. La petite famille habitait en plein cœur de la place Fleury, dans le quartier Ahuntsic, au nord de la ville. Patrick était l'aîné d'une famille de deux enfants ; sa sœur se prénomme Sophie. « J'étais un petit gars normal, dans une famille normale. Mon père travaillait comme représentant commercial à Radio-Canada, mais il avait l'âme d'un artiste. Ma mère était agente d'immeubles », disait Patrick à l'époque pour décrire sa famille.

C'est dans le quartier Nouveau-Bordeaux, rue Suzor-Coté, que Patrick a passé une grande partie de son enfance et de son adolescence. Selon plusieurs, c'était un enfant attachant et rêveur. C'était aussi un petit gars maigrelet et taquin qui aimait jouer des tours... ce qui lui a valu une certaine réputation dans le quartier !

À notre rencontre, Raymond Bourgeois, le père de Patrick me dit d'entrée de jeu qu'il y a peu de photos de son fils

sur les murs de sa maison. «C'est encore trop difficile. Je ne crois toujours pas qu'il n'est plus là», me lance-t-il. Même chose pour sa musique, que le paternel a toujours écoutée fièrement, mais qui s'est tue depuis le départ de Patrick. Malgré tout, il accepte avec plaisir de se plonger dans ses souvenirs pour se remémorer l'enfance de son fils.

RAYMOND BOURGEOIS — Quand mon fils est né, il baignait déjà dans la musique. Il avait à peine un an que je le berçais en jouant de l'harmonica pour l'endormir. Il commençait tout juste à marcher qu'il avait sa petite guitare en plastique avec de vraies cordes dans les mains. Je jouais avec ma guitare et il faisait les mêmes gestes avec la sienne. On écoutait beaucoup de musique à la maison et Patrick était très réceptif à tout ça. Il mimait des instruments et tout objet devenait un micro dans ses mains. Il chantait tout le temps.

À quatre ans, il a pris ma vieille guitare classique de gitan qui traînait dans un coin et il a commencé à en jouer. Il en jouait et en jouait encore. Cette vieille guitare dénichée en Espagne, il ne la lâchait plus. J'ai été fort surpris, car il apprenait vite les accords et il parvenait rapidement à faire ce que, moi, je n'avais jamais réussi à faire en suivant des cours. Je me suis dit que mon fils avait une oreille musicale et un talent certain pour la musique. Je ne m'étais pas trompé.

Il avait aussi un sens inné pour construire des choses. Vers l'âge de huit ou neuf ans, il a construit son propre scooter avec un moteur. Quand il était un peu plus vieux, je lui ai dit qu'un jour j'aimerais construire un cabanon à un endroit précis du jardin. Je ne me doutais pas un seul instant de ce que ça allait provoquer. Le lendemain, pendant que j'étais au travail, il a construit

Raymond Bourgeois entouré de ses deux enfants, Patrick et Sophie, et du chien de la famille.

Patrick s'est passionné pour la musique dès le début de son enfance.

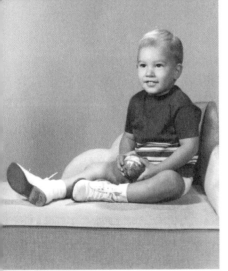

un beau cabanon. Pas un truc bancal avec quelques planches, là! C'était bien construit, solide et beau. Il avait fait son plan, très précis, pendant la nuit et, quand je suis revenu du travail, le cabanon était presque terminé. Il m'a ému, ce jour-là!

Il y a aussi eu une période où il se passionnait pour les sciences et la chimie. Quand il accrochait sur quelque chose, il ne faisait jamais rien à moitié! Il voulait devenir chimiste. Un matin, il a décidé de faire son propre petit laboratoire de chimie dans le sous-sol. Au départ, je trouvais son projet charmant et, comme c'était éducatif, je ne m'y suis pas opposé. Mais un jour, j'ai entendu un immense «BOUM» provenant du sous-sol. Patrick avait produit une explosion qui avait laissé de gros trous dans le plancher! Il avait trouvé une recette pour faire des bombes avec du sodium et du chlorate de potassium... Heureusement, il ne s'était pas blessé. Le soir même, il jetait tout son laboratoire d'explosifs à la poubelle, et je pense que sa lubie de devenir chimiste, il l'a aussi déposée au bord du trottoir. Il est passé à autre chose et a repris la musique.

Dans le quartier, il avait la réputation d'être un petit gars tannant qui faisait souvent des mauvais coups avec sa bande d'amis. Il s'amusait à faire livrer des pizzas ou du poulet chez les voisins, par exemple. Il y avait des pommiers dans notre rue et les fruits servaient de munitions à mon fils et à ses amis. Il en a brisé des vitres dans le voisinage parce qu'il s'amusait à lancer des pommes dans les fenêtres! Heureusement, il faisait beaucoup de sport. Il a joué au hockey, il faisait du ski alpin, il jouait au baseball et il faisait du jogging, ce qui lui permettait de lâcher son fou. Ça le tenait loin des mauvais coups. Il était champion quand venait le temps de construire des cabanes dans les arbres, dans le petit bois près de la maison. Il faut croire qu'il tenait ça de son grand-père qui était charpentier.

À l'école, Patrick était un enfant curieux et rigolo. Il était attachant et n'avait pas de difficulté à se faire des amis. Cependant, il était rêveur, toujours un peu perdu. Pendant la classe,

au lieu d'écouter le professeur, il rêvait à la musique, à sa guitare. Il dessinait des scènes avec la batterie, les éclairages. Sa mère et moi avons souvent été convoqués par la direction. On nous disait que notre fils était un petit gars intelligent qui avait un beau potentiel, mais que son esprit n'était jamais présent. Quand il s'y mettait, par contre, il avait d'excellentes notes. Mais la plupart du temps, il rêvassait et ses notes prenaient un dur coup.

Déjà, à un jeune âge, il était clair qu'il ne deviendrait jamais médecin ou avocat. Sa mère et moi, on aurait voulu que notre fils

« Vers l'âge de 13 ou 14 ans, j'ai commencé à avoir les cheveux longs. J'avais un toupet dans la face et je ne voyais rien. J'avais l'air d'un chien barbet et je trouvais ça cool. »

Patrick Bourgeois,
dans le magazine 7 jours.

« Jeune, j'étais le plus timide quand venait le temps de parler aux filles. Je fondais littéralement sur place. Je n'étais pas le plus populaire. J'étais le plus petit, du moins jusqu'à une énorme poussée de croissance vers l'âge de 16 ans où j'ai grandi de plusieurs pouces. »

Patrick Bourgeois,
dans le magazine 7 jours.

La chanson préférée des BB de Raymond Bourgeois : *Donne-moi ma chance.*
« C'est une magnifique ballade qui s'écoute si bien. »

fasse de longues études, mais c'était tellement clair qu'il ferait de la musique ! Je l'ai encouragé à poursuivre au moins jusqu'au cégep, et il a momentanément songé à être journaliste. Mais ça n'a pas duré...

À l'adolescence, Patrick est devenu beaucoup plus sage. Il a vraiment commencé à mettre les bouchées doubles pour travailler sa musique. Il avait des amis musiciens qui venaient répéter à la maison. Ils ont formé un petit groupe et je les entendais reprendre des succès des Rolling Stones, des Beatles et de The Police, entre autres. Au début, ça sonnait juste correct, mais ils sont vite devenus bons. Les petits gars répétaient plusieurs heures par jour et ils étaient sérieux. Je voyais bien que Patrick mangeait de la musique et que c'était ce qui l'intéressait. Je l'encourageais à suivre sa passion. Mon fils avait l'âme et le cœur d'un musicien, et il devait suivre cette route. C'est ce qu'il a fait et je serai toujours fier de lui.

Lise, la maman de Patrick, est décédée le 5 avril 2014. Celle-ci souffrait d'alzheimer depuis six ans. Ce départ a été très difficile pour Patrick, car il était très proche de sa mère. Elle était sa confidente. « Je ne pensais pas qu'il irait la rejoindre aussi rapidement. J'étais convaincu que mon fils survivrait à son cancer. Il était si optimiste. Il pensait, lui aussi, qu'il s'en sortirait. J'étais présent à l'hôpital la journée de son décès et ce fut un choc. Quand je l'ai vu, j'ai compris qu'il s'en allait. Je suis triste et il me manque beaucoup. J'ai l'impression de ne pas avoir été avec lui aussi souvent que je l'aurais voulu. C'était un grand, mon fils. Il avait cette façon d'affronter les problèmes et rien ne l'empêchait jamais de réussir. C'était un grand travaillant. »

raconte par...

DINO
BARTOLINI

LES ANNÉES REBELLES

Dino et Patrick fréquentaient la même école secondaire et partageaient une même passion pour la musique. Ils sont donc devenus amis. Celui qui a gagné sa vie principalement en tant que directeur de tournée et sonorisateur nous raconte quelques souvenirs d'adolescence avec le futur leader des BB.

DINO BARTOLINI — Patrick et moi, on habitait à quelques rues l'un de l'autre. On allait à la même école secondaire, la polyvalente La Dauversière située sur le boulevard de l'Acadie, dans le nord-ouest de la ville. Nous n'avions cependant pas de cours ensemble, parce que Patrick avait quelques années de moins que moi. On s'est connus par l'entremise d'amis communs ; on jouait tous les deux de la guitare, ça crée des liens ! On a alors commencé à faire de la musique ensemble.

On était débutants, mais on adorait ça. On jouait ici et là dans des partys. En pratiquant avec lui dès l'adolescence, j'ai tout de suite su qu'il allait avoir une carrière. À 15 ans, il avait déjà l'aura

« Michel Pagliaro était l'idole d'adolescence de Patrick. Il admirait l'attitude un peu rebelle et l'allure de rock star du chanteur, qui était un modèle pour lui. »

d'une rock star. Il jouait bien et il chantait bien aussi. En plus, il avait un don pour composer des chansons. Ce n'est pas donné à tout le monde de pouvoir faire ça !

C'était un ado qui aimait rire, qui aimait jouer des tours et qui était toujours positif. Il était beau et donc très populaire auprès des filles. Mais il était timide quand venait le temps de leur parler. Disons que Patrick n'était pas le plus rapide ou le plus dégourdi pour draguer... On passait la plupart de notre temps à faire de la musique, mais aussi à flâner et à discuter de plein de choses. On allait souvent au parc Belmont ensemble et on faisait les manèges. C'était un endroit magique tout près de notre quartier et le point de rencontre de beaucoup de jeunes dans ces années-là.

Adolescent, Patrick a dansé son premier *slow* avec une fille alors qu'il participait à une fête à l'école Sainte-Odile. « Elle s'appelait Maryse, c'était sur la chanson *How Deep is Your Love* des Bee Gees et c'est ce soir-là que j'ai donné mon premier *french kiss*. J'étais sous le choc et ça m'a pris deux semaines à m'en remettre », a-t-il confié au magazine *7 Jours*.

Plusieurs jeunes du coin avaient loué une grande maison de quatorze pièces et certains d'entre nous y habitaient. L'une des pièces servait de studio de répétition aux musiciens des environs. C'était une espèce d'*Animal House* où l'on s'amusait à faire de la musique, mais c'était aussi une sorte de vie de commune. Patrick n'habitait pas avec nous, mais il faisait partie des meubles. Il passait souvent faire son tour.

Le premier grand amour de Patrick s'appelait Marie-Christine.
Elle aimait les musiciens. Patrick en était amoureux fou mais un jour,
elle l'a plaqué pour Mark Holmes, le chanteur du groupe Platinum Blonde
qui fut très populaire au milieu des années 1980 avec des succès comme
Crying Over You et *Situation Critical*.

J'adorais jouer avec Patrick, ça sonnait bien quand il était là. On reprenait les chansons de nos idoles Jimmy Hendrix, The Doors, Led Zeppelin, The Who. Moi, j'ai vite compris que je n'avais pas ce qu'il fallait pour faire carrière. Je n'étais pas particulièrement doué. Mais plus je voyais Patrick aller et plus j'étais convaincu que j'allais entendre parler de lui un jour. Comme je jouais de moins en moins, j'ai commencé à m'intéresser à la technique. J'ai étudié en communication à l'UQAM et Patrick, lui, a commencé à faire partie de différents groupes. Il a été dans des *bands* avec des noms bizarres... Après ça, on s'est perdus de vue pendant quelques années.

Un jour, je l'ai croisé dans la rue, il m'a donné une cassette démo de ce qu'il faisait et il m'a invité à venir le voir en répétition. Il faisait alors partie d'un spectacle avec Marc Drouin. C'était au début des années 1980.

« Patrick était un clown qui jouait
des tours, qui aimait faire rire.
Mais quand venait le temps de
faire de la musique, il prenait ça
au sérieux. »

« J'ai travaillé avec plusieurs artistes durant ma carrière, mais jamais aucun n'avait le charisme et l'aura de rock star de Patrick. Il avait déjà ça à l'adolescence quand nous jouions dans le sous-sol chez ses parents. »

Pendant les répétitions, ils avaient du souci avec le système de son, ça faisait du *feedback* quand ils chantaient. Comme j'étais *soundman*, j'ai réglé le problème rapidement. Fort impressionné, Marc Drouin m'a engagé comme *soundman* sur *Vis ta vinaigrette*. C'est comme ça que j'ai retrouvé Patrick. Nous allions être sur le chemin l'un de l'autre pendant un bon bout puisqu'un autre projet de taille, la tournée des BB, allait nous unir à nouveau quelques années plus tard...

Sa chanson préférée des BB : *T'es dans la lune*.
« Pour moi, cette chanson a tout ce qu'il faut pour être un hit et elle en a été un gros. »

raconté par...
ÉRIC
LANTHIER

LA NAISSANCE D'UNE ROCK STAR

Éric Lanthier, un ami d'enfance de Patrick, nous ramène en 1977, sur la rue Suzor-Coté, alors que lui et sa bande d'amis se réunissaient devant la maison des Bourgeois. C'est là que les musiciens en herbe et leurs admirateurs se rassemblaient pour jaser de musique, mais aussi de hockey, d'actualité et, bien sûr, des filles !

ÉRIC LANTHIER — Dire que Patrick n'a pas marqué une grande partie de mon adolescence serait mentir. C'était un bon ami, même s'il avait un petit côté baveux et qu'il nous jouait des tours pendables, comme dévisser nos sièges de bicycle ou encore nous fixer des rendez-vous et ne pas se présenter... Mais en même temps, c'était le genre de gars drôle à qui on pardonnait tout. Il était d'agréable compagnie et très populaire. Il y avait toujours un attroupement de jeunes devant le 11820 Suzor-Coté, la résidence de la famille Bourgeois.

J'ai connu Patrick dans le sous-sol de chez Martin Grenier, un ami commun. Martin jouait de la guitare, comme moi, et j'étais bien impressionné par son talent. Il faisait un spectacle avec quelques musiciens chez lui ce soir-là, et il y avait un nouveau guitariste, du nom de Patrick Bourgeois. C'est lors de cette soirée qu'on s'est liés d'amitié. Plus tard, j'ai même préparé un spectacle avec lui dans un événement à l'école Loyola ; mais on a eu des problèmes de son et ç'a mal viré au point où la direction a annulé notre représentation. Patrick était fâché... Il s'en voulait et nous en voulait à nous aussi. Avec lui, il fallait que tout soit parfait. Il mettait toujours la barre haut et ce soir-là, il a été déçu, nous étions loin d'être excellents ! Je peux donc dire que je suis passé à un doigt de faire un vrai spectacle sur scène avec Patrick Bourgeois !

« Son surnom était "Bourgos" ; on l'appelait comme ça pour l'écœurer et il détestait ça. »

Par la suite, on a continué à faire un peu de musique ensemble, mais les goûts musicaux de Patrick changeaient. À un moment, il aimait jouer la musique des Rolling Stones. Vers 1979, à 17 ans, il s'est mis à jouer du rock progressif parce que le défi était plus grand sur le plan musical. Pour lui, jouer les Stones n'était plus suffisant, il fallait qu'il aille plus loin musicalement. C'est à ce moment que je me suis rendu compte qu'il avait un talent exceptionnel et un niveau beaucoup plus élevé que le mien. Il s'est mis à jouer de la basse, encore plus de guitare, à chanter également, et je voyais vraiment la rock star naître. C'était désormais clair pour moi qu'il allait percer et réussir dans le milieu de la musique.

Sur le plan vestimentaire, à cette époque-là, Patrick était assez *straight*. Il portait des petits polos et des jeans propres. Il avait les cheveux courts et toujours bien coupés. Les cheveux longs, c'est venu plus tard, vers l'âge de 20 ou 21 ans.

À partir de 18 ans, quand on ne savait pas quoi faire, on allait à la brasserie du coin prendre une bière. Lors de ces soirées-là, on réinventait le monde et on parlait de musique, du dernier solo de guitare d'untel, du guitariste qui était le meilleur dans nos groupes préférés. Patrick, contrairement à nous tous, s'intéressait à beaucoup plus de choses. Il avait une bonne culture générale et pouvait parler de politique, de cuisine, de l'actualité, etc. Il était très cultivé.

Déjà, au début de l'adolescence,
Patrick était un guitariste impressionnant.

Autant il pouvait être gêné avec les filles au début de l'adolescence, autant il savait leur parler vers l'âge de 17 ou 18 ans ! Il avait toutes les filles à ses pieds. Elles voulaient toutes partir avec lui après chaque party. Non seulement c'était le plus beau de nous tous, mais en plus, c'était un charmeur. On était tous secrètement jaloux de lui. Il aimait être le centre de l'attention et le bon Dieu lui avait donné la gueule pour l'être ! Il avait un petit côté *show off*, il aimait prendre la pose. S'il croisait un miroir, il pouvait s'arrêter pour se regarder pendant quelques instants... Il en profitait pour se coiffer. Il faisait souvent un mouvement de tête pour faire bouger ses cheveux qui commençaient à pousser, comme au ralenti dans les films.

Une fois, je donnais un spectacle à notre école, La Dauversière, avec mes deux amis Martin et Daniel. Patrick, lui, était dans la salle ; il ne faisait pas partie du même groupe à ce moment-là. Mais, ratoureux comme pas un, il a demandé à plusieurs des jeunes présents de scander son nom et de le réclamer sur scène. Ç'a marché, et il a fallu se tasser pour lui céder la place. Il nous a littéralement sortis de scène ! Il a donc joué une toune pendant notre spectacle. Ce fut l'humiliation totale pour notre groupe, parce qu'il était bien meilleur que nous. Les gens l'applaudissaient à tout rompre et réclamaient une autre chanson pendant que nous attendions, bredouilles, en coulisse. Il a fait *Midnight Rambler,* des Rolling Stones, et c'était le délire dans le public, à notre grand désespoir.

Il avait cette façon de bouger, de mettre sa guitare entre ses jambes, et ça rendait les filles folles. Il l'avait, l'affaire. Il rêvait d'être une rock star et il l'a été. On s'était promis, jeunes, de ne pas se perdre de vue si l'un d'entre nous devenait populaire. Mais la vie en a décidé autrement. J'ai peu revu Patrick par la suite. Mais je suis fier de lui, de ce qu'il a été. Je l'ai vu éclore et devenir peu à peu une vedette. Il avait du talent, c'était un mélodiste extraordinaire, un grand musicien du Québec et il mérite une belle page dans l'histoire de notre musique.

« Une fois, dans les années 1990, je l'ai revu dans un centre commercial où il signait des autographes. Il était content de me voir et m'a écrit le numéro de sa chambre d'hôtel. Il voulait que je l'appelle et que l'on se voie le soir même, vers 21 h. Finalement, quand je l'ai appelé, il était déjà parti. C'était mon dernier rendez-vous manqué avec lui ! »

Sa chanson préférée des BB :
Tu ne sauras jamais.
« J'ai toujours voulu savoir à qui
s'adressait cette chanson.
Mais j'ai ma petite idée que je
garde secrète. »

raconté par...

PIERRE VÉRONNEAU

LES PREMIERS GROUPES

Le plus difficile dans la préparation de ce livre a certainement été de retrouver et de démêler les nombreux et différents groupes dont Patrick Bourgeois a fait partie (ou pas) au début de sa carrière. Ils sont plusieurs à prétendre avoir été membres de la première formation de celui qui allait devenir le leader des BB.

Il faut dire que Patrick a joué dans plusieurs *bands* avant l'explosion des BB. Dès l'âge de 12 ans, il a formé un groupe dans lequel il jouait de la guitare avec un ami clarinettiste et un autre qui s'était improvisé batteur, et dont l'instrument de fortune était une citrouille en plastique sur laquelle il frappait en cadence...

Ce petit groupe s'appelait Uranium 235, nom que Patrick, en grand passionné de chimie, avait emprunté à la formule de la bombe atomique. Les musiciens en herbe faisaient la tournée des édifices du quartier pour donner quelques spectacles itinérants. Ce n'était pas très sérieux, mais pour Patrick, c'était le début de quelque chose.

Entre 12 et 16 ans, Patrick faisait régulièrement de la musique, seul ou avec quelques amis des alentours, dans le sous-sol de la maison familiale. Il a, entre autres, fait partie du groupe Les 222 et d'une multitude d'autres *bands* anonymes. Mais ce n'est que vers l'âge de 17 ans qu'il s'est joint plus sérieusement à la formation The Wipers, un *band* aux influences new wave.

Pierre Véronneau, un musicien travaillant aujourd'hui dans l'événementiel, est de ceux qui ont partagé la scène avec Patrick. Il était le membre fondateur des Wipers et a même pour le prouver un exemplaire du seul quarante-cinq tours que le groupe a fait !

Celui-ci a fait appel à sa mémoire et à quelques amis de l'époque afin de m'aider à voir plus clair dans le parcours musical des jeunes années de Patrick. Parce qu'avant Les Wipers, il y a eu Les Coma Caca et, après, il y a eu The Hostages, The Social Warning, The Kids, Les Docteur Bellows…

PIERRE VÉRONNEAU — En juin 1979, alors que j'étais un jeune musicien, on m'a proposé d'organiser un petit spectacle de la Saint-Jean au parc Rimbaud, dans le quartier Bordeaux où habitait justement Patrick à l'époque. J'avais réussi à rassembler quatre groupes du coin, mais il en manquait un cinquième. J'ai alors appelé Pierre Boutin, un ami musicien avec qui je jouais de la musique de temps en temps. J'ai eu l'idée un peu folle de créer un nouveau groupe, comme ça, à la dernière minute.

Patrick avec André Gagné et Pierre Boutin.
Les membres du groupe Social Warning : André Gagné (batteur), Jean-Paul Desroches (basse) Patrick et Paul « Acide » Smith (claviers).

Mon frère Guy m'a parlé d'un gars dans sa classe qui était un bon musicien. Je lui ai demandé de l'appeler et de lui donner rendez-vous à mon appartement. Le soir même, Patrick est arrivé chez nous avec sa guitare. En ouvrant la porte, je me souviens d'avoir été surpris parce qu'il avait vraiment l'air jeune. Il devait avoir 16 ans, mais il en paraissait facilement trois de moins. Il avait l'air d'un enfant avec sa grosse guitare dans les mains. Disons que le reste du *band* était pas mal plus vieux que lui ! En un temps miracle, notre petit groupe était formé et j'allais en être le chanteur. Il fallait maintenant trouver un nom ; nous avons opté pour Coma Caca, qui veut dire « mange de la merde » en espagnol…

Le soir de la Saint-Jean, on a joué différentes chansons que j'avais traduites en français, comme *Blue Moon,* du groupe The Marcels, *Proud Mary,* de Creedance Clearwater, et quelques autres succès de l'époque. On a chanté aussi *La poupée qui fait non*, popularisée au Québec par Les Sultans. Notre spectacle a été un hit et Patrick a été impressionnant. Il rayonnait sur scène. C'était un excellent musicien malgré son jeune âge, et il avait tout un charisme ! Je me souviens que ce soir-là devait être la Saint-Jean la plus froide de l'histoire au Québec. Il faisait cinq ou six degrés, pas plus. Mais il a joué comme un pro dans ces conditions difficiles.

On gelait sur scène, mais on était si heureux d'être là qu'on a décidé de faire rire les gens en faisant notre rappel vêtus d'une simple bobette. Patrick a tout de suite embarqué. Il aimait faire rire et il n'y avait pas grand-chose à son épreuve. Cette soirée a été mémorable. Après le spectacle, on s'est dit que ce serait bien de continuer à faire de la musique ensemble, mais on n'avait pas de plan précis pour la suite. La semaine suivante, un certain Claude Lusignan, qui nous avait vus en spectacle dans le parc, est entré en contact avec nous pour nous proposer un contrat à la petite salle de spectacle Maison Cartier de l'hôtel Nelson, dans le Vieux-Montréal.

On n'en revenait pas ! Nous, les petits gars du quartier Bordeaux avec notre groupe de fortune, on allait jouer là où les grands se produisaient d'habitude ! C'était fou et complètement improbable pour nous. On a joué plusieurs soirées d'affilée à la Maison Cartier devant des salles pleines. Je me souviens aussi qu'à un moment donné, lors des répétitions, Patrick a chantonné un peu. Je me suis rendu compte qu'il avait une belle voix. Je lui ai dit : « Câlisse, tu sors ça d'où, cette voix-là ? » Il a trouvé ça drôle, mais il ne semblait pas trop y croire. Il ne voulait pas vraiment chanter au début. Ça s'est fait graduellement. Il ajoutait des petits *back* ici et là. Il avait une superbe voix. Je lui aurais donné mon micro n'importe quand !

Finalement, d'un *gig* à l'autre, nos spectacles allaient tellement bien que M. Lusignan nous a proposé de devenir notre agent. Mais

Avec Jean-Paul Desroches.

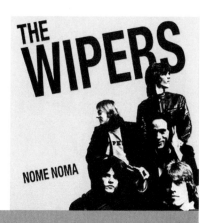

Claude Rajotte, qui travaillait à l'époque en tant qu'animateur à CHOM, a agi à titre de conseiller spécial en studio lors de l'enregistrement du disque *Nome Noma*, des Wipers. « Je me souviens que j'avais été impressionné par les qualités de bassiste de Patrick, qui devait avoir 17 ans à l'époque, et que leur musique sonnait bien. En même temps, ils sont arrivés à un drôle de moment pour que ça tourne dans les radios. CKOI ne diffusait que du francophone, CHOM faisait un virage très rock et les autres stations jouaient du disco ou du *dance* », explique-t-il. *Nome Noma* ayant été créé dans une langue inventée, les chansons de l'album n'ont malheureusement pas trouvé leur place !

il voulait qu'on change de nom et de son. On est donc devenus Les Wipers, et notre style musical s'apparentait à celui de Joe Jackson : un peu rock, mais influencé par la vague pop et new wave. En moins accompli, bien sûr. On faisait toujours des reprises de chansons, mais on a aussi commencé à produire du matériel original. On a existé sous ce nom pendant deux ou trois ans et on a même fait un quarante-cinq tours qui avait pour titre *Nome Noma* pour le côté A, et *Bowery Boy* pour le côté B. On en a vendu quelques-uns autour de nous. On a même fait un clip qui a été diffusé à la populaire émission *Lautrec 81,* animée par Donald Lautrec.

« Ils viennent de la planète des gars, ils parlent le Nome Noma, un drôle de langage. Voici *Nome Noma* ! » avait alors dit le moustachu animateur, afin de présenter le clip qui nous montrait vêtus d'habits métalliques et de maquillage rappelant le groupe Kiss. Le concept : les membres du groupe couraient après une fille dans une station de métro de Montréal… C'était psychotronique et un peu sauté, et on détonnait dans cette émission avec nos costumes futuristes ! Enfin, ça n'a pas été le tremplin espéré pour nous, et le quarante-cinq tours n'a pas du tout obtenu le succès que nous avions souhaité, loin de là. Après, on se cherchait un peu et notre agent ne nous aidait pas vraiment. Un jour, on a décidé de le balancer.

On a ensuite pris la décision de repartir sous un autre nom : d'abord The Hostages, pour une courte période, puis The Social Warning. Mais encore une fois, même si nous faisions quelques spectacles ici et là, le succès n'était pas au rendez-vous. Et puis la différence d'âge entre les membres du groupe commençait à peser. Patrick et un autre musicien avaient envie de faire de la musique plus jeune. Ça n'allait plus trop et nous avions l'impression de tourner en rond. Donc, vers la fin de 1981, nous avons pris chacun notre chemin.

Sa chanson préférée des BB : *Cavalière*, une pièce de l'album *Snob*. « Elle est moins connue, mais elle est excellente. »

raconté par...

BRUNO LANDRY

LE GROUPE THE KIDS

Un soir, celui qui deviendrait plus tard un membre du groupe Rock et Belles Oreilles est allé prendre un verre dans un bar de quartier. Lorsqu'il est entré, l'endroit lui a semblé un peu *crade*. Mais au moment où il s'apprêtait à partir, un groupe est arrivé sur scène. Le chanteur a entamé une chanson de The Police. Bruno Landry a alors décidé de se rasseoir, de prendre un verre et surtout d'écouter ce mystérieux groupe. Il a eu un coup de cœur. Non seulement il est resté pour le spectacle complet, mais il est revenu l'entendre un autre soir, puis un autre...

BRUNO LANDRY — Je me souviens d'avoir entendu Patrick pour la première fois alors qu'il jouait dans un bar miteux situé au coin des rues Saint-Laurent et Bernard. Son groupe s'appelait The Kids. C'était un trio un peu *bum* qui reprenait des chansons des Sex Pistols et de The Police.

Patrick est arrivé sur scène et il avait cette aura de star. En plus, il jouait de la guitare comme un dieu. Quand il chantait, il était tout aussi impressionnant. Il avait déjà une gueule de vedette.

Son groupe préféré à l'époque était The Police et il pouvait chanter aussi haut que Sting. Il avait une étendue vocale assez impressionnante. Le plus drôle, c'était le public devant lequel il chantait. Il n'y avait pas plus hétéroclite. On trouvait même des robineux qui sirotaient leur bière. Vous dire à quel point c'était un endroit particulier : il y avait des films pornographiques qui roulaient en boucle sur les écrans de télévision.

Mais tout ça ne semblait pas gêner Patrick. C'était un pro, un vrai. Il cassait la baraque même si peu de gens dans la place écoutaient ce qui se passait sur scène. Il n'y en avait qu'un qui applaudissait après chaque chanson, et c'était moi. Je me souviens que, tous les soirs, le groupe terminait le spectacle avec une version instrumentale de l'indicatif musical de la populaire série *Hawaï 5-0*. C'était génial.

> **« Dans la vie, Patrick était un gars drôle, blagueur, qui embarquait dans n'importe quoi. Quand il prenait une guitare ou qu'il s'emparait d'un micro, il devenait une rock star et il donnait tout un *show*. »**

Un jour, j'ai eu envie de l'inviter à faire de la musique avec quelques amis, (les futurs RBO) dans un studio de l'UQAM où j'étudiais. Je ne m'en doutais pas, et lui non plus, mais c'était le début d'une collaboration et nous allions travailler ensemble à quelques reprises. Peu de temps après, nous faisions même la première partie du groupe Offenbach, au vélodrome olympique. Une soirée catastrophique, mais qui a créé de bons souvenirs.

La chanson préférée de Bruno Landry : *Parfums du passé*.
« J'aime les ballades. C'est une bonne chanson et la voix de Patrick est magnifique. »

Patrick avec deux autres musiciens de l'époque,
André Gagné (batteur) et Jean-Paul Desroches (basse).

raconte par...

MARIE DENISE PELLETIER

ON ÉTAIT PRESQUE DES COLOCS

Au début des années 1980, Marie Denise Pelletier, Patrick Bourgeois et quelques autres jeunes adultes se retrouvaient dans un appartement de l'avenue du Parc, à Montréal. Ils caressaient tous le même rêve : gagner leur vie en chantant et en faisant de la musique. Ils ne le savaient pas encore, mais la plupart d'entre eux inscriraient plusieurs succès dans les sommets des palmarès durant les années qui allaient suivre. Marie Denise Pelletier a gardé un souvenir précieux de ce beau clown qu'a été Patrick Bourgeois.

MARIE DENISE PELLETIER — Au début des années 1980, nous étions un petit groupe qui voulait percer dans la chanson. On était jeunes et on n'était pas riches, on faisait des petits spectacles et des concours ici et là. C'étaient de belles années où l'on se retrouvait souvent en gang le soir dans notre appartement à discuter, à rire et à chanter.

À cette époque, je sortais avec le chanteur Marc Gabriel et mon amie Sylvie Girard était la blonde de Patrick. On passait beaucoup de temps tous ensemble. Dans ces années-là, Patrick faisait de la musique avec différents groupes, et comme nous tous, il tirait le diable par la queue pour gagner sa vie.

Souvent, il venait rejoindre Sylvie à la maison alors qu'elle n'était pas encore arrivée. Il s'asseyait dans la cuisine et jasait avec moi. Il me racontait sa journée et me faisait rire. Il était drôle sans bon sens et toujours de bonne humeur. J'aimais être en sa compagnie. C'était un gars simple et je me souviens qu'il avait un charisme fou. Il était beau, mais il ne se prenait pas au sérieux le moins du monde. Il ne passait pas inaperçu auprès des filles, mais il croyait à l'amour et aux vraies affaires. C'était un authentique, ce Patrick, et je garde tellement de bons souvenirs de nos discussions dans la cuisine. Il s'asseyait sur le comptoir et moi à la table, je lui faisais un café et on discutait.

« Patrick, il avait du Beatles en lui. C'était un grand mélodiste et il s'en est fallu de peu pour que nous travaillions ensemble et qu'il m'écrive une chanson pour l'album *À l'état pur*. Ce fut un rendez-vous raté, on n'a jamais réussi à trouver le temps et je le regrette. »

À l'époque où Marie Denise Pelletier a connu Patrick, tous les deux faisaient leur début dans la musique.

Marie Denise Pelletier et Marie Carmen au lancement du premier disque des BB.

Un peu plus tard, j'ai commencé à faire *Starmania* avec Marie Carmen. Lui, il était dans *Vis ta vinaigrette* avec François Jean, le chum de Marie. On se voyait donc tous ensemble. Notre but commun à cette époque était de percer et de se faire connaître. On avait le cœur rempli d'espoir. On était des talents en incubation. Quand j'ai vu Patrick sur scène dans *Vis ta vinaigrette*, j'ai été renversée. Ça frappait fort, Les Beaux Blonds ! Les trois gars étaient également bons. Ils avaient une vraie candeur et je savais que, ensemble, ils étaient partis pour la gloire. Peu de temps après, Patrick est devenu une grande star et j'étais très fière de lui. Il avait travaillé si fort.

Nous avons connu la gloire presque au même moment. On se voyait moins parce qu'on était trop occupés, mais on se croisait sur les plateaux de télévision et dans les galas et c'était toujours un plaisir de le retrouver. On se parlait quelques instants et les fous rires revenaient. Peu de personne dans ma vie m'ont fait rire comme Patrick Bourgeois. Je ne vais jamais oublier ce clown qui, bien assis sur le comptoir, me racontait des blagues et me faisait rire aux larmes pendant que je préparais le souper.

raconté par...

BRUNO LANDRY et YVES P. PELLETIER

DE LA MUSIQUE AVEC RBO

En 1981, Yves P. Pelletier, Guy A. Lepage et Bruno Landry étaient étudiants en communication à l'UQAM. Dans un cours de son, ils devaient trouver un musicien afin d'ajouter une touche musicale à un travail de session. Bruno s'est alors souvenu de ce gars fort talentueux qu'il avait vu à quelques reprises sur scène dans un bar. C'est donc dans un studio de son de l'UQAM qu'a eu lieu la rencontre entre celui qui allait devenir le leader des BB et ceux qui allaient devenir les Rock et Belles Oreilles.

BRUNO LANDRY — Au moment de cette rencontre, Patrick faisait partie du groupe The Kids et il avait déjà un talent évident. J'ai rapidement pensé à lui quand nous avons eu besoin d'un musicien avec nous en studio. À ce moment, on commençait à vouloir faire des chansons drôles, mais aucun de nous n'était musicien... Donc, un soir, Patrick est venu nous rejoindre en studio et ç'a été une révélation. Les autres gars et moi, on a eu un plaisir fou à travailler avec lui !

Un jour, les RBO ont parodié Les BB, devenus pour l'occasion les « B Bites ». Leur « Fais attention, je pourrais m'en aller pour de bon » devenait alors « Fais attention, tu pourrais pogner des morpions ». « On s'en est donné à cœur joie ! C'est moi qui faisais Patrick, alors je devais avoir l'air d'un pétard comme lui et disons que j'en ai passé du temps dans la salle de maquillage avec ma face en forme de poire. Finalement, ce ne fut pas très réussi ! »

C'était quelqu'un qui avait beaucoup d'humour et un enthousiasme contagieux. Dès les premiers instants en studio avec Patrick, on riait comme des fous. Il se fondait à merveille à notre groupe. Je me souviens qu'un jour, en déconnant, il a carrément découvert les riffs de ce qui allait devenir plus tard la chanson thème des Rock et Belles Oreilles. C'est simple, tu lui donnais une guitare et un public et il devenait un monstre sacré du *jam*. Peu de temps après, Yves P. Pelletier et lui ont terminé cette fameuse chanson thème de RBO. Ça s'est fait sur un coin de table du Studio Victor.

Je vais me souvenir toute ma vie de cette journée du vendredi 4 mars 1983 où nous avons été invités à faire la première partie d'Offenbach au vélodrome olympique, dans le cadre du Salon de la jeunesse. Disons qu'on avait ri tout le long des répétitions et que nous nous pensions bien drôles et fin prêts pour ouvrir le *show* d'Offenbach. Mais ce soir-là, RBO a probablement donné le pire spectacle de l'histoire de l'humanité. C'était tellement mauvais que j'avais l'impression que le public allait nous lancer des tomates. On a accumulé en un seul spectacle plein de mauvaises idées et ç'a été un grand fiasco. On a été tellement

Quand les membres de RBO et Patrick Bourgeois se rencontrent dans un Dunkin Donuts...

ordinaires que les producteurs ne voulaient même pas nous payer. Heureusement, Patrick et The Kids étaient sur scène pour la musique et ça nous a permis de ne pas complètement perdre la face parce que, eux, ils étaient sur la coche.

On a refait de la scène ensemble il y a quelques années, dans le cadre des spectacles des Porn Flakes. On a chanté deux chansons en duo : la première était une version rock de la chanson *Le moustique*, de Joe Dassin, et l'autre était *White Wedding*, de Billy Idol. On devait se revoir par la suite ; il me disait qu'il allait bien, mais en vérité il était déjà très malade. Je pensais qu'il allait s'en sortir, mais il était plus malade que je ne le croyais. Patrick était le plus jeune de nous tous parce qu'il avait encore son cœur d'enfant. Ça n'aurait jamais dû être le premier à partir. Ce fut un choc...

La chanson préférée des BB de Yves P. Pelletier :
La sirène. « C'est une chanson très *up tempo*. »

« On ne s'est jamais perdus de vue, Patrick et moi. Nous avions même un projet de dessins animés ensemble. Ça s'appelait *Les Oups*, c'était un groupe musical de style manga. On a écrit plusieurs chansons pour ce projet. Celles de Patrick étaient vraiment parfaites et c'était très viable. J'aurais tellement aimé que ça marche ! »

Des retrouvailles sur un plateau de télévision, il y a quelques années.

« Ma perception à moi, dès qu'il est entré en studio la première fois, c'est qu'il était déjà une rock star. Il avait cette aura particulière, et c'était un virtuose. Il composait comme par magie et c'était un excellent instrumentiste. Après l'avoir vu quelques fois à l'œuvre, je ne pouvais être qu'en admiration devant son talent musical naturel. Mais en plus, ce gars-là, il était drôle comme ça ne se peut pas. Patrick aurait très bien pu faire de l'humour. Les sons de pistolet et de fouets dans notre chanson thème, c'est de lui.

Un jour où nous étions au Belmont, il m'a amené dans sa voiture et il m'a fait entendre une chanson qu'il venait de faire, qui avait pour titre *Pistol Wiper*. Dans la musique, il y avait des petits effets de fouet et de *gun*. Au début des années 1980 sont arrivés les *samplers* sur clavier et il s'était amusé avec ça. J'ai capoté, c'était vraiment bon. Il était si fier du résultat qu'il riait à pleines dents dans la voiture. Ça donnait un petit son western et ludique et ça collait bien à ce que nous voulions pour RBO. Je lui ai dit qu'il nous fallait quelque chose de similaire pour le premier album que nous étions sur le point d'enregistrer, et c'est finalement de tout cela qu'est née la chanson de Rock et Belles Oreilles, devenue un classique.

Patrick faisait vraiment partie de la gang créative. Il était pour nous un précieux collaborateur. Il a aussi joué de la guitare sur *Arrête de boire* et il a composé la chanson *Un enfant de toi*, probablement la chanson la plus haute sur le plan vocal de notre répertoire, que l'on trouve sur le disque *Pourquoi chanter?*

Patrick n'a pas écrit la chanson *Arrête de boire*, mais le titre vient de lui. À l'époque, il jouait beaucoup dans les bars et, souvent, les clients étaient soûls et enterraient sa voix sur scène. Il criait alors "Arrête de boire !" à ceux-ci. Il nous a raconté ça une fois et c'est devenu notre cri de ralliement puis le titre de l'une de nos chansons.

Un jour, on a été invités par Patrick au lancement du quarante-cinq tours de *Loulou* qui avait lieu au Belmont. On a pu voir le clip sur un écran géant. C'était de la bombe… »

raconté par...

MARC
DROUIN

VIS TA VINAIGRETTE

En 1982, la chanson *Pied de poule*, chantée par une certaine Dolby Stéréo (Geneviève Lapointe), faisait vibrer toutes les radios et danser le Québec en entier. Cette année-là, il semble que tout le monde chantait le

> *One two*
> *One two très fort*
> *Dansons*
> *Dansons*
> *Le*
> *Le*
> *Pied de poule*
> *Pied de poule*

Derrière cette belle folie se cachait un grand gaillard encore trop peu connu de six pieds deux pouces du nom de Marc Drouin. Un créateur un peu fou qui, cinq ans plus tard, arriverait avec un

projet solo du nom de *Vis ta vinaigrette*. Un spectacle réunissant sur scène plusieurs artistes, entre autres un trio de musiciens baptisé Les Beaux Blonds et dont faisait partie Patrick Bourgeois.

Étant un enfant à l'époque de *Vis ta vinaigrette*, je n'ai hélas pas vu le spectacle et je ne me souviens que très peu de la chanson. Mais quand Marc Drouin est arrivé à notre lieu de rencontre, les images du clip vu il y a trente ans me sont revenues en tête. Je réentendais son « *Des fois je vis des hauts, des fois je vis des bas, mais la plupart du temps je vis ma vinaigrette* ».

MARC DROUIN — Tout le monde doit te dire qu'ils ont découvert Les BB, n'est-ce pas ? Mais c'est dans mon spectacle qu'ils se sont fait remarquer. J'ai rencontré les trois gars alors que je travaillais sur un projet de théâtre rock'n'roll. Ça n'allait pas comme je voulais. Surtout, je cherchais mes Beaux Blonds, des gars qui seraient des musiciens, mais qui embarqueraient aussi dans cette belle folie. Je ne trouvais pas. Un soir, après la première de *Starmania* à Lanaudière, j'ai rencontré François Jean. Il était là parce que sa blonde Marie Carmen faisait partie du spectacle.

On s'est mis à jaser. Il avait une gueule et un charisme. J'avais devant moi de la graine de star.

Il avait entendu parler de *Pied de poule* et je lui ai dit que je cherchais des musiciens pour mon nouveau projet, qui serait une revue rock'n'roll humo-rythmique.

Quand un créateur comme Marc Drouin rencontre un jeune talentueux comme Patrick.

Un look blond pour devenir un membre des Beaux Blonds.

Il m'a dit : « Moi, je suis batteur. » Je lui ai alors expliqué que, dans ce spectacle nouveau genre, le trio de musiciens s'appellerait Les Beaux Blonds et que ce serait un genre de pastiche de groupes existants comme Platinum Blonde et The Police. Il faudrait donc qu'ils deviennent blond platine durant toute la durée des représentations.

À en juger par son sourire et sa gestuelle, j'ai vite compris qu'il n'était aucunement dérangé par mes exigences de transformation capillaire. Même qu'il semblait trouver ça cool. J'étais ravi, car c'était important pour moi et pour les besoins du spectacle que les trois gars embarquent dans ce trip-là. Je me suis alors dit que je venais peut-être de trouver mon premier beau blond.

« Attends, il faut que je te présente un de mes chums de gars. Il est justement ici et c'est un excellent guitariste », m'a lancé François.

Il a disparu quelques instants à l'intérieur de la salle où se tenait le party d'après-première. Il est réapparu une minute plus tard avec ce mec de 20 ans, un grand gars aux longs cheveux bruns et au regard perçant. Il était magnifique.

Je me souviens qu'il était vêtu tout en noir et portait un drôle de chapeau de matador.

J'ai expliqué aux deux gars mon concept un peu fou qui mélangerait sur une scène des histoires, des chansons, des sketchs et de la danse.

J'ai parlé de quelques-unes des chansons du spectacle qui auraient pour titre *Après l'école*, *Remixez-moi* et *Trop de beaux gars,* une chanson qui deviendrait un gros succès radio l'été suivant. Eux, ils chanteraient *Berceuse pour Barbie*.

« Dès que j'ai vu Patrick, j'ai su qu'il était mon homme de la situation. J'avais trouvé toute une pièce à mon puzzle. »

Les Beaux Blonds : Patrick, Alain et François.

Une affiche promotionnelle de *Vis ta vinaigrette*.

La troupe de *Vis ta vinaigrette* à la conquête de l'Europe.

Je leur ai donné rendez-vous le lendemain au lieu de répétition, dans un petit local du boulevard Saint-Laurent, juste au-dessus des locaux de MusiquePlus et du magazine *Québec Rock.* Toute la troupe était là : les deux danseurs les Marc's Brothers, les deux échalotes Sylvie Daviau et Tess, Geneviève Lapointe, la Dolby Stéréo de *Pied de poule* et les deux tiers des Beaux Blonds.

Il restait à trouver un claviériste. Luc Plamondon, qui était le co-producteur, avait lui-même épluché son carnet d'adresses. On ne trouvait pas. Heureusement, Patrick et François avaient quelqu'un en tête.

Quelques jours plus tard, un certain Alain Lapointe est venu nous rejoindre au Théâtre Le Milieu. Dès que je l'ai vu dans l'allée du théâtre, je me suis dit que ça marchait, il avait la gueule de l'emploi. Il complétait mon trio à la perfection. Encore fallait-il qu'il soit un aussi bon musicien que les deux autres.

Il s'est installé au clavier et il était parfait. J'avais mes Beaux Blonds. Après avoir répété comme des fous jusqu'aux petites heures, dès le lendemain, ils jouaient les tounes du spectacle à merveille. J'étais ravi. Je savais que ce trio de musiciens allait fesser fort et que le public les remarquerait.

Ils avaient une allure, une prestance, et la chimie entre eux était palpable. En plus, ils ne se prenaient pas au sérieux, ils étaient *game*. Ils étaient ouverts, extravertis, drôles et n'avaient pas peur du ridicule. Et ils étaient parfaits quand venait le temps de jouer les sketchs.

C'est donc le 2 décembre 1986 dans un ancien cinéma, devenu salle de spectacle, au 5380 du boulevard Saint-Laurent, que s'entasse une foule de curieux venue voir le nouveau projet de celui qui a créé *Pied de Poule*, quelques années plus tôt.

Dès le premier tableau, *Après l'école,* le public semble dans la poche. Une belle folie habite la salle. Le lendemain, les critiques sont plus que positives. « Intéressante, drôle, pleine de trouvailles », dit l'un. « *Vis ta vinaigrette*, une solide salade »,

Petite poupée fragile

Repose ton corps
de vinyle

Petite poupée fragile

Repose ton corps docile

Et sexy soit-il

Dors, Barbie, dors

Dors, dors, petite
poupée, dors

Dors, dors, Barbie,
dors

Dors, petite poupée,
dors

Chanson Berceuse pour Barbie

écrit un autre. « Les Beaux Blonds piquent la curiosité. Ils se démarquent, ils sont beaux, mais ce sont aussi d'excellents musiciens », dit une journaliste.

La vente des billets va bon train. Des supplémentaires sont même annoncées pour le printemps 1987. Le bouche à oreille fait son effet et plusieurs bonzes de l'industrie de la musique se déplacent pour voir le spectacle, mais aussi les fameux Beaux Blonds dont plusieurs parlent.

Après la prestation, il n'est pas rare que Patrick, Alain et François se retrouvent avec un bon lot de cartes profession-nelles d'agents et de producteurs de tout acabit qui y vont de leurs propositions de disques, de films et qui promettent de les propulser *on the top of the world*.

Mais, pour l'instant, ils sont heureux sur cette scène où ils gagnent pour une première fois un salaire décent et une belle visibilité.

La troupe s'envole vers l'Europe, alors qu'un certain Guy Darmet entend parler du spectacle et propose à Marc Drouin et à sa bande d'ouvrir la saison 1987 de *La Maison de la Danse* dont il est le fondateur. *Vis ta vinaigrette* est à l'affiche plus d'un mois.

Un soir, un certain Michel Gendron était dans la salle et assistait au spectacle de *Vis ta vinaigrette*. Il y était allé par curiosité, mais il était loin de se douter qu'il ferait une rencontre qui changerait sa vie. « Je voulais voir ce que c'était. Je n'ai pas aimé le spectacle, j'ai trouvé ça plutôt plate. Mais le concept du trio de musiciens était impressionnant. Il y avait un potentiel. J'étais prêt à faire un album avec eux et à conquérir le Québec et le monde », a-t-il dit dans le cadre de l'émission *Musicographie, Les BB*, présentée par MusiMax.

MARC DROUIN — Là-bas, ce fut un beau succès. On a fait salle comble et il fallait même ajouter quelques bancs. C'était tout un défi pour nous de jouer dans un endroit aussi prestigieux, devant des dames collet monté en robes longues. Mais la réponse du public a été bonne et nous y sommes restés pendant cinq semaines. C'étaient des moments magnifiques. Nous avons beaucoup ri en voyage. Patrick et François étaient tellement drôles. Il n'y avait jamais de moment calme ni de répit avec ces deux-là.

De retour au Québec, nous jouons au Spectrum, puis en tournée à travers la province, pour finalement revenir au Spectrum. Ensuite, on nous propose de jouer pendant six mois au Café de la Gare, à Paris. Mais mes Beaux Blonds me font faux bond. Ils ont rencontré Michel Gendron. Ils veulent tenter leur chance en tant que groupe et faire un disque. J'étais content pour eux, même si je perdais trois excellents musiciens. J'ai donc poursuivi l'aventure à Paris sans eux. J'ai déniché un groupe français de quatre membres, nommé Électrogène, pour les remplacer.

En 1989, ç'a fait BOUM ! J'entendais parler du phénomène Les BB jusqu'à Paris et, pourtant, c'était bien avant l'ère du Web et des téléphones intelligents. Ils étaient partis pour la gloire et c'était tant mieux. Ils le méritaient et je savais bien que ça allait arriver un jour ou l'autre. C'était écrit dans le ciel.

La dernière fois que je les ai vus, c'est quand ils sont venus faire les chœurs sur la chanson *Hey ! P'tit gars* pour mon album *Showman* en 1990. Encore là, j'avais été surpris par la puissance de la voix de Patrick. Ce gars-là était un grand, un *showman* avec un charisme fou. Patrick était très professionnel. Il n'a jamais manqué une entrée en scène. Il prenait son métier au sérieux et c'était agréable de travailler avec lui. Même que ne pas l'avoir croisé plus souvent et ne pas avoir retravaillé avec lui sont parmi mes plus grands regrets.

Après l'aventure de *Vis ta vinaigrette*, Marc Drouin n'a pas revu très souvent Patrick Bourgeois. Ils se sont croisés quelques années plus tard, en 1993, alors que Patrick signait les arrangements du spectacle *Le sang de l'humour*, dont la mise en scène était assurée par Paul Buissonneau.

AIMER UN CŒUR DE ROCKER

José Aumais était la femme dans la vie de Patrick Bourgeois avant et pendant la BB mania. Elle était celle que l'on devait garder loin des projecteurs pour ne pas décevoir les fidèles admiratrices de Patrick. Il fallait, à cette époque, entretenir le rêve et laisser croire que le beau chanteur était encore un cœur à prendre. Celle qui est aussi la maman de Pénélope et de Ludovick est donc restée longuement dans l'ombre de son amoureux...

« Quand j'étais petite, je trippais sur Bruce Huard, le chanteur des Sultans, et mon frère se moquait toujours de moi. C'est fou parce que quand j'ai rencontré Patrick, il se faisait souvent comparer à Bruce Huard ! Je me moquais alors de mon frère en lui disant : "Pis… Je l'ai finalement, mon Bruce." »

JOSÉ AUMAIS — C'est par l'entremise de ma sœur Maryse et de mon frère Louis que j'ai fait la rencontre de Patrick, en mars 1987. Maryse et Louis étaient dans un groupe qui avait pour nom Straight Talk et qui faisait des reprises de différentes chansons dans les discothèques du Québec. À cette époque, je fréquentais un gars qui était sonorisateur pour différents spectacles et, ce soir-là, il s'occupait des groupes de la soirée, dont Straight Talk et un autre groupe du nom de Lara, dont Patrick Bourgeois faisait partie.

Il s'est présenté à moi et nous nous sommes simplement salués, sans vraiment échanger. Mais dans les mois qui ont suivi, nous sommes tombés l'un sur l'autre à quelques reprises : une fois dans le hall de Télé-Métropole, alors qu'il venait faire une entrevue pour l'émission jeunesse *Plexi-Mag* de Pierre Houle, et lors d'un spectacle en plein air regroupant différents groupes, entre autres. Je me souviens que le soir de ce spectacle, il revenait tout juste d'un voyage en France où il avait fait de la musique avec Jacques Higelin. Ça ne m'intéressait pas vraiment. Je venais de laisser mon « audioman » et je ne voulais rien savoir d'un autre gars qui faisait de la musique. Je suis alors partie rejoindre ma sœur et mon frère en coulisse après l'avoir salué bêtement.

Mais la vie allait une fois de plus nous mettre sur le chemin l'un de l'autre en mai 1987. J'étais avec des amis à un spectacle de la chanteuse Marjo, au Spectrum de Montréal. Pendant l'entracte, je me suis dirigée vers les toilettes et je suis tombée face à face avec Patrick. On a échangé quelques mots. Je me souviens de m'être dit « Wow, qu'il est beau ! », mais ensuite, une petite voix en moi a murmuré « Oui, mais c'est un musicien ». En revenant des toilettes, il m'a demandé s'il pouvait m'emprunter deux dollars pour une bière, parce qu'il n'avait pas un sou. Finalement, on a jasé un peu et il m'a dit qu'il faisait partie d'un spectacle qui s'appelait *Vis ta vinaigrette* et que si je voulais des billets, je

C'est lors d'un voyage de pêche que tout est devenu plus sérieux entre José et Patrick.

Patrick et José sur leur trente-six, en route pour le mariage de Lara Arleninov.

Patrick sur scène avec
Les Requins Marteaux.

L'une des dernières
photos avec les cheveux
blonds.

pouvais l'appeler. Il m'a écrit son numéro de téléphone sur un
bout de papier. Je ne pensais pas donner suite à sa proposition.

Mais, quelques semaines plus tard, j'étais chez moi avec ma
mère et j'ai entendu à la radio une publicité annonçant que le
spectacle *Vis ta vinaigrette* reprenait sous peu. J'ai donc finalement décidé d'appeler Patrick pour lui demander des billets. Je
me souviens, c'était un samedi soir et je me suis dit que j'allais
sûrement frapper le répondeur, parce qu'un beau gars comme
lui devait courir la galipote un samedi soir. Erreur...

Il a répondu! Je bafouillais... Je ne m'attendais vraiment pas à
lui parler. Pourtant, il était bien tranquille chez lui, avec Alain
Lapointe. Il m'a demandé si j'avais soupé, j'ai répondu que non,
et quelques minutes plus tard j'étais en tête à tête avec lui dans
un restaurant de la rue Gilford, à Montréal. On a jasé comme
deux vieux amis pendant des heures. On a rigolé en se rendant

compte qu'on avait habité le même immeuble en 1980, sur l'avenue du Parc. À cette époque, il sortait avec la coloc de Marie Denise Pelletier. On a parlé comme ça jusqu'à ce que le resto ferme. Puis, on est allés chez moi, dans le sous-sol de la maison de mes parents, dans l'est de la ville. Il y avait un piano dans la pièce. Il s'est assis au piano et il s'est mis à jouer et à chanter. J'étais sous le charme... Mais je ne voulais pas tomber amoureuse tout de suite.

J'avais mes réserves. Je ne voulais pas trop m'attacher. Quand on sortait ensemble au Belmont, je voyais bien que toutes les filles étaient après lui et lorsqu'elles se rendaient compte qu'on était ensemble, elles me faisaient de gros yeux et étaient agressives avec moi. Et ça, c'était bien avant qu'il devienne populaire...

Je me disais que c'était clair qu'il allait me *flusher* dans les deux semaines. Je suis donc restée assez indépendante, je le prenais quand il passait sans rien demander de plus. Je me suis dit que c'est probablement ça qui l'avait accroché. J'étais l'une des rares filles qui lui résistaient. Finalement, un jour, il m'a invitée à un week-end en bateau avec ses amis. C'est là que c'est devenu plus sérieux entre nous deux. J'ai décidé de lui faire confiance et de me laisser aller dans tout ça.

À cette époque, Patrick est devenu un membre de Straight Talk et il faisait des spectacles un peu partout. Il en faisait aussi avec François Jean et Marc Javelin à la Marina de Repentigny. Leur nom de groupe était Les Requins Marteaux.

Peu de temps après le début de notre relation, Patrick est venu vivre avec moi dans le sous-sol chez ma mère. Je travaillais comme assistante-réalisatrice à Télé-Métropole, lui restait à la maison. Il faisait de la musique et nous préparait de bons petits plats le soir. Ma mère l'adorait et ma grand-mère, qui habitait au deuxième, aussi. Toute la famille était charmée d'avoir un si bon chef à la maison. Patrick écoutait l'émission de cuisine *The Galloping Gourmet* avec le chef Graham Kerr et il reproduisait

« Tous les dimanches, on allait souper chez les parents de Patrick. C'était notre petit rituel. Sa mère était une belle dame, toujours bien mise. Elle adorait son fils et son fils l'adorait. Elle lui permettait tout, à son Patrick. »

ensuite les recettes pour nous. Le plus drôle, c'est qu'il ne comprenait pas l'anglais ! Mais il se débrouillait bien. Il aimait la fine gastronomie et sa cuisine était sophistiquée. Il ne se contentait pas de faire du macaroni au fromage.

Il passait aussi ses journées à écrire. Il voulait partir un autre groupe avec François Jean et Alain Lapointe. Je lui prêtais l'argent pour louer de l'équipement. Il s'est fait un petit coin musique avec un *drum machine* et un clavier. C'était vraiment rudimentaire, mais il trippait. C'est dans le sous-sol de ma mère qu'il a composé les bribes des premières chansons des BB.

Patrick était un fils à maman. Il était très proche de sa mère.

« Une fois, alors que José travaillait comme assistante-réalisatrice sur *L'Or du Temps*, elle a engagé Patrick. Le temps d'un épisode, il a joué le chauffeur de limousine de Jackie (Christine Lamer). »

« Patrick et moi, on adorait jouer à des jeux de société ensemble. On passait nos soirées à jouer au *Backgammon* et on était imbattables à *Fais-moi un dessin*. Nous avions une belle complicité. On faisait un simple trait et l'autre pouvait deviner le mot. »

Parfois, il s'exilait dans notre chalet familial à Saint-Calixte, sur le bord du lac Bob. À cet endroit, il avait la paix et il pouvait vraiment créer ses chansons.

C'était calme, il était seul et c'était parfait, parce qu'après la signature d'un contrat de disque avec Michel Gendron, il a ressenti une certaine pression de livrer du matériel. Des fois, j'allais le rejoindre la fin de semaine et il me faisait écouter des bouts de musique. Ma sœur, mon frère et moi étions son premier public et on croyait en ce qu'il faisait. Ça sonnait bien, c'était bon. Il fallait que j'y croie, car je l'ai fait vivre pendant deux ans et demi ! Je voulais qu'il se consacre à la musique. On ne manquait de rien, on avait du fun, on sortait, on riait et on était heureux.

Sa chanson préférée de Patrick : « J'en ai plusieurs, pour différentes raisons. Il y a toutes celles qui ont été populaires et qu'on entend toujours, bien sûr, mais pour moi, *Je tends les bras* est une magnifique chanson douce. Sa voix est présente et belle, et les paroles me touchent. Je la nomme aussi pour faire connaître d'autres succès, car on entend toujours les mêmes chansons à la radio et pourtant plusieurs autres mériteraient d'y passer. »

raconté par...

ALAIN LAPOINTE

VOILÀ LES BB !

Entre la fin de l'aventure *Vis ta vinaigrette* et la création du premier album des BB, il s'est écoulé presque deux ans. C'est le
temps qu'il a fallu à Patrick Bourgeois et à ses complices pour
créer les premières chansons du groupe. Peu à peu, une équipe
avait pris place autour de Patrick : Jean-Pierre Isaac, le nouveau réalisateur branché de l'époque (le nom de ce DJ devenu
réalisateur était sur toutes les lèvres depuis qu'il avait réalisé
le mythique *El Mundo* de Mitsou), ainsi que Geneviève Lapointe
et Pierre Houle, les principaux collaborateurs aux textes.

L'une des premières photos officielles des BB.

Avec leur agent Michel Gendron, dans une chambre d'hôtel, au début de l'aventure des BB.

ALAIN LAPOINTE — Je me souviens que Michel Gendron, notre agent, ne lâchait pas Patrick pour qu'il compose des chansons. Celui-ci avait beaucoup de pression sur les épaules et se faisait vraiment talonner. « Où sont les tounes ? » lui lançait sans cesse Michel. Patrick ressentait une énorme responsabilité et devait vite produire des chansons. Il écrivait des riffs, des bouts de musique, des idées qu'il apportait au réalisateur Jean-Pierre Isaac. C'est Jean-Pierre qui assemblait le tout et en faisait des chansons « finies ». Il programmait tout ça. Il est derrière le *snare* de la chanson *Loulou*. C'est vraiment lui qui a créé le son des BB. Il était un vrai petit génie quand venait le temps de faire des mélodies accrocheuses. Geneviève Lapointe, qui était la Dolby Stéréo de *Vis ta vinaigrette,* écrivait des textes de chanson pour nous. Pierre Houle, qui était un populaire animateur de télévision à cette époque, en a aussi écrit quelques-unes.

L'enregistrement du premier disque a eu lieu chez Jean-Pierre Isaac, dans un demi-sous-sol de la rue Saint-André, à Montréal. Il avait converti une grande partie de son petit quatre et demie en studio. Au départ, François et moi étions sur place, mais le gros du travail se faisait surtout entre Patrick et Jean-Pierre, qui réalisait le disque. Et sérieusement, on déconnait beaucoup trop, toute la gang ensemble. Plusieurs donnaient leur avis et ça retardait le processus. À cette époque, le temps de studio coûtait cher et il fallait que les choses avancent, alors Patrick et Jean-Pierre ont travaillé en équipe réduite. François et moi, on allait entendre les nouvelles chansons au fur et à mesure qu'elles naissaient et on donnait nos idées. Je faisais le piano en studio une fois les chansons complétées.

Je me souviens d'avoir capoté la première fois que j'ai entendu la chanson *Loulou*, la première finalisée. Il y a rapidement eu un engouement pour nous. Le clip tournait en boucle à Musique-Plus et c'était fou. J'ai vite compris que c'était le début de quelque chose. Moi qui étais musicien pour plusieurs artistes, dont Michel Pagliaro et Louise Portal, j'ai dû tout arrêter pour me consacrer pleinement aux BB.

La pochette du premier
quarante-cinq tours des
BB paru à l'été 1989.

Une affiche
promotionnelle
annonçant le premier
album.

Bon, on savait qu'on avait une chimie ensemble. On savait aussi qu'on avait un look et qu'on était de bons musiciens, mais on ne s'attendait pas à ce qui s'en venait. Il fallait aussi changer le nom. Pas question de garder Les Beaux Blonds, surtout que nous n'étions heureusement plus blonds, les mèches oxygénées ayant pris le bord assez tôt ! Je pense même que c'était le lendemain du dernier spectacle ! Mais beaucoup de gens du milieu nous connaissaient sous ce nom. Patrick a eu l'idée de simplement nous appeler Les BB. Ça nous a plu. Il y avait quelque chose de pas sérieux là-dedans et c'était cool comme nom.

Mais on allait en entendre des vertes et des pas mûres sur ce que représentaient les deux B... Ça allait des Brigitte Bardot aux Beaux Bazous, en passant par Les Break à Bras, Les Boules de Billard, Les Bugs Bunny, Les Bachi-Bouzouk, Les Bouteilles de Bière, Les Bœuf Bourguignon... et quoi encore ! Pourtant, nous n'étions que Les BB. Les anciens Beaux Blonds devenus bruns !

La chanteuse Marie Carmen a signé l'une des chansons du premier album. Il s'agit de la huitième piste du disque. Elle a pour titre *Ça rend fou*.

« C'est drôle, j'avais complètement oublié cette chanson ! En retournant lire les paroles, je me suis souvenue qu'à l'époque j'ai eu envie de jouer à inverser les rôles. De voir ces trois tombeurs qui affolaient tant les filles se retrouver à leur tour sous l'emprise d'une femme fatale. Gros cliché, mais l'exercice m'avait beaucoup amusée. »

Marie Carmen

raconté par...

GENEVIÈVE LAPOINTE

ÉCRIRE DES HITS POUR LES BB

Dans les années 1980, Geneviève Lapointe était l'interprète de Dolby Stéréo dans les comédies musicales *Pied de poule* et *Vis ta vinaigrette*. Elle a été la voix des succès radiophoniques *Pied de poule* et *La rue Rachel* avant de s'effacer un peu de la scène publique. Elle a alors consacré beaucoup de son temps à écrire pour des artistes tels que Mitsou, Marie Carmen et Véronic DiCaire, sans oublier... Les BB! C'est elle qui est derrière plusieurs de leurs succès: *Fais attention*, *T'es dans la lune*, *Snob*, *Seul au combat*, *Tu ne sauras jamais*, *Je tends les bras* et plusieurs autres.

GENEVIÈVE LAPOINTE — Je vais me souvenir longtemps de ma première rencontre avec Patrick. C'était dans la salle de répétition de *Vis ta vinaigrette*. Je me rappelle être restée bouche bée devant sa beauté. Il était magnifique, mais j'ai vite compris que c'était un gars simple et terre à terre.

En partageant la scène avec lui, j'ai aussi découvert qu'il était une bête de scène et qu'il n'avait pas peur du ridicule. Il était

partant pour sortir de sa zone de confort pour les besoins du spectacle. On a eu un plaisir fou ensemble, sur scène et en tournée. On est rapidement devenus de bons amis et aussi des complices. J'étais d'ailleurs bien heureuse qu'il pense à moi quand est venu le temps d'écrire des textes pour son premier album.

À cette époque, je venais de me casser une jambe et Marie Carmen me remplaçait dans *Vis ta vinaigrette*. Je me retrouvais donc sur la touche pour quatre mois. Je ne pouvais pas faire de scène.

Depuis longtemps, je songeais à écrire des chansons et je me disais que c'était le moment idéal. Un jour, Patrick est arrivé chez moi pour me demander de l'aider à écrire des chansons pour le premier disque des BB. Je me suis dit « pourquoi pas ! », surtout que j'avais été témoin de la chimie qui opérait entre Les Beaux Blonds. Je savais qu'ils avaient ce qu'il fallait pour réussir. Je connaissais assez les gars pour écrire des textes qui leur ressembleraient. Et je connaissais aussi très bien la façon de chanter de Patrick, ce qui m'a été utile quand est venu le temps d'écrire pour lui.

Au printemps 1988, Patrick s'est réfugié dans un chalet de Saint-Calixte, au bord du lac Bob. Il s'était acheté un synthétiseur Roland D-50 et il travaillait fort pour composer des musiques. Il arrivait souvent avec des bouts de mélodie sur des cassettes que l'on écoutait ensemble sur mon petit *ghetto blaster*. Il y avait toujours deux versions d'une musique. La première était instrumentale, c'était souvent une version *rough* avec quelques riffs, ce n'était pas toujours complet, et il y avait une version avec sa voix, mais qui chantait dans une langue inexistante. Il inventait un langage qu'il chantonnait afin de m'indiquer en gros l'air qu'il voulait. Moi, je tentais de trouver les mots pour remplacer son charabia, et il fallait que ça se marie bien avec la musique.

Geneviève est tout sourire avec Patrick et Alain, deux grands complices musicaux.

Les Beaux Blonds dans les loges à l'époque de *Vis ta vinaigrette*.

« Un soir, on a été conviés à écouter l'album dans le studio de Jean-Pierre Isaac. Nous étions tous là et, dès les premières chansons, j'ai compris que ça allait marcher fort. C'était de la bonne pop et, avec leurs gueules d'enfer, ça allait faire BOUM ! Et ç'a fait BOUM. Dès le soir du lancement, c'était déjà la folie, l'hystérie. En peu de temps, ils étaient partout. Ça tournait en boucle dans les radios, ils étaient les dieux de MusiquePlus. J'étais au premier spectacle au Spectrum et c'était euphorique. Il y a vraiment eu une BB mania au Québec. »

Il n'y avait pas d'indications précises ni de thèmes spécifiques qu'il voulait aborder. Moi, je mettais simplement dans la bouche de Patrick les mots que bien des filles avaient le goût d'entendre.

On travaillait bien ensemble. Il y avait une belle synergie, et sa musique et mes mots se mariaient merveilleusement bien. J'avais un plaisir fou à créer avec Patrick. On se comprenait facilement tous les deux et il me faisait vraiment confiance. Il me demandait rarement de changer un mot ou une phrase. Il avait beau être blagueur, joyeux et toujours de bonne humeur, curieusement, il m'inspirait une certaine mélancolie, un désarroi et une tristesse.

J'ai écrit des chansons pour quelques autres artistes dans ma carrière, mais c'est vraiment avec Les BB que j'ai pu laisser ma trace en tant qu'auteure. Encore récemment, je suis entrée dans une épicerie et la chanson *Snob* jouait à la radio. Ça m'a fait un petit pincement au cœur. Ça me rappelle que mon ami, mon complice musical, n'est plus. En même temps, ça ramène de magnifiques souvenirs d'une incroyable époque. Je lui serai éternellement reconnaissante de m'avoir fait confiance et de m'avoir permis de participer à cette belle aventure qu'aura été celle des BB.

Patrick et moi, on s'est un peu perdus de vue par la suite. Il écrivait ses propres chansons. On se voyait de temps en temps, puis de moins en moins. Avant de mourir, il m'a appelée pour me dire : « J'ai attrapé le cancer… » Il voulait qu'on se voie, qu'on se fasse un souper, comme avant, avec les enfants. Mais on n'a pas eu le temps… C'est un rendez-vous manqué et je le regrette. Mais il me reste sa musique, les chansons qu'on a créées ensemble.

GENEVIÈVE LAPOINTE DÉCORTIQUE POUR NOUS
LES CHANSONS QU'ELLE A ÉCRITES POUR LES BB,
SUR LA MUSIQUE DE PATRICK BOURGEOIS.

FAIS ATTENTION (ALBUM *LES BB*, 1989)

C'est l'un des premiers textes que j'ai écrits.
Ça raconte l'histoire d'un gars qui menace de
quitter une fille parce qu'elle ne prend pas bien
soin de lui. « Fais attention, je pourrais m'en
aller pour de bon. Si tu ne fais pas attention,
je sors de ta vie. » Le message
est clair.

T'ES DANS LA LUNE
(ALBUM *LES BB*, 1989)

C'est l'histoire d'un gars qui se doute que sa
blonde le trompe avec un autre homme. Elle est
tellement dans la lune, parce qu'elle pense à
lui, qu'elle a salé son café. « Pourquoi t'es dans
la brume, pourquoi j'ai cessé d'exister ? Pour
qui t'es devenue brune, pour qui veux-tu me
laisser tomber ? » Je pense que j'ai puisé ça
dans mes expériences personnelles. C'est
peut-être moi qui, un jour, ai salé mon café…

SNOB (ALBUM *SNOB*, 1991)

J'ai écrit cette chanson parce que je déteste les
snobs. Et j'ai eu envie d'écrire un texte avec un
beat. Le plus drôle, c'est que cette chanson est
restée un an dans un tiroir parce que Michel
Gendron (l'agent du groupe) la détestait. Mais,
un jour, Patrick a décidé de la mettre en
musique et le résultat a été si concluant que
c'est même devenu le titre du deuxième album.

SEUL AU COMBAT (ALBUM *SNOB*, 1991)

J'avais envie d'écrire une chanson sur un
autre thème que les relations et l'amour.
C'est la seule chanson sur l'écologie que
j'ai écrite. Patrick a adoré et moi aussi.
Les BB étaient soucieux de l'environnement
et ils ont rapidement appuyé
cette cause.

LE CŒUR À CÔTÉ DU LIT
(ALBUM *SNOB*, 1991)

J'ai voulu raconter l'histoire d'un gars un peu
cowboy qui, même s'il est en relation avec une
fille, est toujours prêt à sauter dans ses bottes
et à déguerpir. Cette chanson n'a pas été un hit,
mais je l'aime beaucoup. Elle me fait sourire.
Chaque fois que Patrick la chantait avec moi, il
faisait semblant de vomir en disant les paroles
« Le cœur à côté du lit ».

VOYOU (ALBUM *SNOB*, 1991)

Ce texte a été inspiré par Patrick, à l'époque
où il n'avait pas 30 ans. Il était adorable, mais
il avait aussi parfois un air de voyou. C'est une
chanson un peu humoristique.

TU NE SAURAS JAMAIS (ALBUM 3, 1994)

Cette chanson explore le thème du triangle amoureux. L'histoire d'un mec qui est amoureux d'une fille déjà en couple avec un homme. Ça aurait pu être moi qui étais amoureuse de Patrick, mais ce n'est pas le cas. J'étais en couple et heureuse, à l'époque. Ça raconte l'histoire d'un amour non déclaré. Un jour, il est arrivé à la maison emballé par une musique et une mélodie, et j'ai sorti ce texte. Tout s'est emboîté merveilleusement. En 1996, on a gagné un prix SOCAN pour cette chanson.

TRISTE CIRQUE (ALBUM 3, 1994)

Cette chanson, elle me fait penser aux Beatles. Je trouve qu'il y a quelque chose dans la musique qui s'apparente beaucoup à leur son. Un jour, Patrick m'a raconté à quel point sa blonde José travaillait fort pour cumuler son emploi et sa vie de maman presque monoparentale, parce qu'il était souvent parti en tournée. Ça m'a inspiré cette chanson.

LA FILLE À DEUX SOUS (ALBUM 3, 1994)

Un jour, j'ai lu un fait divers qui racontait l'histoire d'une prostituée. C'est devenu une chanson sur une jeune femme qui finit par mourir dans la rue. Ce texte raconte une tragédie.

JE TENDS LES BRAS (ALBUM 3, 1994)

J'étais certaine que cette chanson deviendrait un succès, mais, hélas, elle a peu tourné à la radio. Ça raconte la grande solitude que l'on vit tous, un jour, dans notre vie.

RESTE (ALBUM YAYA DE MITSOU, 1994)

Un jour, Patrick m'a appelée pour me demander d'écrire une chanson pour un duo qu'il enregistrerait avec Mitsou. De là est née cette chanson. Je ne sais plus trop ce qui a inspiré ça, mais je l'aime beaucoup. C'est un beau duo.

NE RÉPONDS PAS (ALBUM PATRICK BOURGEOIS, 1998)

Cette chanson reprend un peu la thématique de la chanson T'es dans la lune, mais avec une touche dramatique, cette fois. C'est une chanson plus sobre. J'étais heureuse d'écrire pour l'album solo de Patrick.

À la demande de Patrick, Geneviève a traduit en anglais la chanson *Tu ne sauras jamais*. C'est la chanteuse Marilou qui l'interprète sur le démo. Cet enregistrement dort dans un tiroir, quelque part. Il a été question que Céline Dion l'enregistre, mais rien n'a été fait. C'est à suivre...

raconté par...

PIERRE HOULE

LES CHANSONS DES BB

Dans les années 1980, Pierre Houle était connu comme animateur à la télévision et à la radio, ainsi que comme comédien.
Rien ne le destinait à devenir auteur de chansons pour un
groupe populaire. Il a pourtant écrit plusieurs succès des BB,
dont le premier hit, *Loulou.* Sont ensuite venus *Parfums du
passé, Donne-moi ma chance* et quelques autres.

PIERRE HOULE — À l'époque, j'étais animateur à CFTM 10,
aujourd'hui TVA, à la barre d'une émission jeunesse diffusée les
samedis, *Plexi-Mag.* C'était une émission qui se concentrait
principalement sur les préoccupations des jeunes et dans laquelle on abordait des sujets comme la sexualité, les drogues,
les études, la musique et bien d'autres choses. Nous recevions
souvent des artistes en studio. Un jour, on a reçu une chanteuse
du nom de Lara accompagnée de ses musiciens. C'est là que j'ai
rencontré Patrick Bourgeois pour la première fois. Il était le guitariste de la chanteuse. On a discuté et c'était un chic type. Je ne
pensais pas le revoir de sitôt.

Un soir, quelques mois plus tard, je suis sorti dans une discothèque et il était là. Il est venu me parler. Il m'a dit, avec son humilité légendaire : « On a formé notre groupe et ça sonne en tabarnak !!! » Je lui ai dit de me faire signe quand le disque serait lancé et que je les inviterais à l'émission. Je savais que ces trois gars-là avaient du talent et je croyais en leur groupe. Il m'a dit qu'ils cherchaient des auteurs pour leur écrire des chansons afin de compléter l'album.

« Pierre, tu devrais nous en écrire, des chansons », m'a-t-il lancé. « Mais je n'ai jamais fait ça de ma vie et je ne suis pas un auteur de chansons », lui ai-je répondu. Patrick a insisté jusqu'à ce que j'en vienne à une réponse qui ressemblait à « bon, je vais essayer, mais je ne te fais pas de promesse ».

Le lendemain, je recevais des musiques sur des cassettes. Ça sonnait très bien et Il y avait toutes les indications et les structures mélodiques. Mais il n'y avait pas de paroles. Je me suis installé pour écouter ça et tenter d'écrire des phrases qui s'emboîteraient parfaitement avec les musiques. Je n'avais aucune idée de ce dont les chansons allaient parler. Ma façon d'écrire était simplement de me plonger dans de petites histoires, sans penser à moi ni aux gars du groupe. Peu à peu sont nés des petits bouts de texte. Je me suis surpris moi-même à aimer faire ça et à aimer le résultat.

Un jour, je me suis rendu dans le sous-sol de la mère de José Aumais, la conjointe de l'époque de Patrick, chez qui il habitait. C'est là qu'il faisait sa musique et c'était souvent le point de rencontre avec les membres du groupe et quelques autres personnes, dont leur agent Michel Gendron. Je suis arrivé avec, dans mon sac, le texte de la chanson *Donne-moi ma chance* dont je suis particulièrement fier. Je l'ai tendu à Patrick. Il a pris le temps de le lire et il m'a répondu : « Je ne suis pas sûr d'aimer ça et que ce soit le genre de choses que j'ai envie de chanter. » J'ai insisté à mon tour en lui demandant de chanter les paroles plutôt que de les lire. Il a alors pris sa guitare et s'est mis à chanter mon texte devant le petit groupe réuni. Tout à coup, après quelques lignes, il s'est arrêté. Il avait le « moton ». Il venait de comprendre la portée des paroles et il était ému, un peu sonné. Cette chanson allait devenir un succès du deuxième album.

Loulou est le premier texte que j'ai écrit pour le groupe. Ç'a été le premier *single* et donc la première carte de visite des BB. Dès sa sortie à l'été 1989, ç'a été un gros *buzz*. C'est la chanson qui les a propulsés et qui a déclenché l'incroyable raz de marée qui allait suivre. Je me souviens d'avoir assisté à l'un des premiers spectacles des BB, et il fallait le voir pour le croire. Il y avait une hystérie presque collective. On se serait cru en plein cœur de la Beatlemania. C'était fou et j'étais heureux pour les gars.

Ce beau *buzz* musical m'a aussi permis de récolter deux prix SOCAN pour les chansons les plus jouées à la radio, *Parfums du passé* et *Donne-moi ma chance*. Le plus drôle dans tout ça, c'est que ma chanson préférée à moi est *Rose café*. Elle n'a pas levé, ne s'est jamais hissée dans les palmarès ni même frayé un chemin dans les radios. Mais c'est celle que j'aime le plus. Elle a un petit côté jazzy qui me plaît.

Dans ces années-là, Patrick et moi sommes devenus de bons amis ; nous avions beaucoup de points communs et nous avons

> **« Comme je me faisais un peu mon cinéma en écrivant les chansons des BB, je ne pourrais pas dire ce qui m'a inspiré chacune d'elles. Souvent, je me laissais simplement porter par mon imaginaire. Je suis fier des chansons que j'ai pu faire avec Les BB. Ça me donne l'impression de laisser une toute petite trace dans l'histoire de la musique au Québec. »**

Photo prise sur le vif lors du tournage du vidéoclip de *Loulou*.

À l'été 1989, *Loulou*, le premier quarante-cinq tours des BB, a atterri sur le bureau des journalistes avec une invitation pour assister au lancement de la première chanson du groupe. Un communiqué indiquait en grosses lettres : « Attention, voici le prochain phénomène du Québec. » Cet été-là, le quarante-cinq tours de *Loulou* s'est vendu à plusieurs milliers d'exemplaires. Même que les disquaires en redemandaient.

eu nos enfants presque en même temps. On se voyait donc avec nos petites familles. Notre plus gros point commun, c'est que nous étions deux grands épicuriens et que nous aimions cuisiner. On se faisait des soirées où nos enfants jouaient, nos femmes jasaient et, nous, on cuisinait ensemble ! On était heureux comme deux poissons dans l'eau devant nos chaudrons, à partager un bon vin et à parler de musique et de plein d'autres choses.

Par la suite, avec les années, on a pris des chemins différents et on s'est vus moins souvent. Mais plus tard, j'ai écrit un livre qui avait pour titre *L'opéra rock d'Hugo* et qui parlait du phénomène des gangs de rue. En 2001, j'ai voulu en faire un spectacle musical. Patrick a travaillé quatre ou cinq des musiques, et le spectacle a été présenté une dizaine de fois en Beauce. Les musiques de Patrick sont incroyables et j'aimerais beaucoup les diffuser de nouveau.

Je n'ai pas beaucoup revu Patrick après cette dernière collaboration. J'ai eu un choc de le savoir malade et de le voir à la télévision dépourvu de sa belle tignasse dont il était si fier. J'ai eu beaucoup de peine. Patrick était un bon vivant, un gars drôle qui aimait rire et faire rire. Un bon jack qui se donnait à fond dans tout ce qu'il faisait. Faire de la musique avec lui aura été l'une des plus belles pages de ma vie.

raconté par...
JEAN-PIERRE ISAAC

CRÉER LE SON DES BB

À la fin des années 1980 et au début des années 1990, Jean-Pierre Isaac était le nom sur toutes les lèvres. Le DJ du bar Le Belmont était le réalisateur de l'heure. Il a conçu dans son petit studio de fortune (une pièce de son appartement rue Saint-André) les albums d'artistes tels que Mitsou, Francis Martin, Marie Carmen, Céline Dion, ainsi que les deux premiers disques des BB. Plusieurs s'entendent même pour dire que Jean-Pierre Isaac est l'homme derrière le son du groupe.

La pochette du quarante-cinq tours du groupe Lara.

JEAN-PIERRE ISAAC — Mon premier hit a été *Bye bye mon cowboy*. À l'époque, je voulais proposer cette chanson à une chanteuse, et c'est Mitsou qui est gentiment venue faire les *tracks* de voix pour le démo. Finalement, c'était tellement parfait qu'on ne pouvait pas l'offrir à quelqu'un d'autre ! Ç'a été ma première carte de visite et après ça, je me suis mis à travailler avec plusieurs artistes. J'ai rencontré Patrick, François et Alain avant qu'ils ne deviennent Les BB, alors que je devais trouver des musiciens pour ma blonde de l'époque, qui s'appelait Lara Arleninov. C'est là que j'ai vraiment cliqué avec Patrick. L'aventure Lara n'a duré que le temps d'un quarante-cinq tours et de quelques spectacles. Ensuite, les trois gars ont voulu faire leur propre matériel.

Je me suis donc retrouvé avec Patrick dans une des pièces de mon appartement du 2040, rue Saint-André. Il arrivait avec des bouts de musique, des textes, et on faisait des tests. On a passé tellement de temps ensemble à créer le son des BB. On faisait ça dans un salon double : d'un côté, il y avait les instruments et de l'autre, un micro qui enregistrait sur bande magnétique. Pour des questions de budget, François et Alain n'étaient pas en studio. Il fallait enregistrer vite, parce que Michel Gendron avait un plan de match et il voulait lancer le premier quarante-cinq tours rapidement. On a fait ça avec un budget de quelques milliers de dollars. On était parfois en studio jour et nuit. On rigolait beaucoup ensemble. Patrick était un beau fou, et ce premier disque, un magnifique petit miracle. Ça sonnait bien, mais on était loin de se douter que ça serait un si gros succès et que les trois gars allaient devenir le *boys band* de l'heure. Je pensais que Mitsou serait la plus populaire, mais je me suis trompé.

On a fait les musiques par ordinateur et on s'est pas mal inspirés du *snare* de la caisse claire de John Mellencamp pour le *drum*. Il y a aussi eu des emprunts à la batterie telle qu'on la retrouve dans la musique hispanique. Ce son marquant est devenu la marque de commerce des BB et plus particulièrement de François Jean.

Patrick sur scène avec la chanteuse Lara Arleninov.

Ce qui m'a marqué de Patrick, c'est à quel point il avait de la facilité à chanter. Ce gars-là pouvait reprendre n'importe laquelle des chansons de The Police, et on s'entend que ce n'est pas le premier venu qui peut accoter la voix de Sting !

Pour le deuxième album, on a eu plus de temps et surtout plus de moyens, puisque le budget avoisinait les 100 000 $. On l'a enregistré au Studio Victor et ç'a été beaucoup plus un trip de gang. Ce deuxième disque était plus léché et s'éloignait juste assez du son du premier album. J'ai eu vraiment du plaisir à faire de la musique avec Patrick. Ce gars-là était un spécialiste du ver d'oreille. C'était un magicien quand venait le temps de faire des mélodies accrocheuses. Je garde un excellent souvenir de tout ça. C'était une belle époque durant laquelle les disques se vendaient et l'industrie se portait plus que bien. Après le deuxième album, on a pris des chemins différents. On s'est revus ici et là par hasard. Mais jamais assez souvent.

Sa chanson préférée des BB : « Probablement *Loulou*, ce fut le début de tout. »

« À un moment donné, la chimie était tellement bonne en studio entre Patrick et moi qu'on a décidé de se partir un duo qui avait pour nom Isaac Bourgeois. C'était en anglais et ça sonnait super bien ! On s'inspirait beaucoup de Tears For Fears, qui était le duo de l'heure à l'époque. On a enregistré quelques chansons, mais le succès des BB a été si fulgurant que notre projet est toujours resté dans l'ombre. J'ai encore les bandes aujourd'hui. Bien dommage que cette idée n'ait jamais vu le jour. Je suis certain que c'était de calibre mondial ! »

Une séance de photos pour
le duo Isaac Bourgeois.

raconté par...

ALAIN
LAPOINTE

LA BB MANIA

Si quelqu'un peut raconter la BB mania, c'est bien Alain Lapointe, qui l'a vécue de l'intérieur aux côtés de Patrick. Trente ans plus tard, attablé dans un restaurant situé à quelques pas du concessionnaire automobile où il vend maintenant des voitures, le musicien revient sur cette période euphorique de sa vie, lorsque le succès frappait de plein fouet et venait transformer complètement la vie de trois petits culs qui avaient du mal à gagner leur croûte. À eux les limousines, la gloire et tout ce qui venait avec...

ALAIN LAPOINTE — Tout est allé si vite! Dès que le premier *single* (*Loulou*) est sorti, notre vie a changé. Et quand l'album a été lancé quelques mois plus tard, il y a eu une demande énorme pour faire des spectacles. Tout le monde voulait nous avoir dans sa salle ou son festival. Tous les médias nous demandaient en entrevue, autant dans les journaux et les magazines que dans les émissions de radio et de télévision. On a fait le tour des stations de radio du Québec, on est même allés en Ontario!

On faisait toujours les entrevues tous les trois ensemble. C'était important, et notre agent, Michel Gendron, insistait beaucoup là-dessus. Il fallait montrer que nous étions un trio.

Quand on a fait le lancement au bar Le Belmont, boulevard Saint-Laurent, la place était remplie à craquer. Il y avait une longue file d'attente dehors. Je ne sais pas pourquoi, ni comment, mais tout le monde s'était passé le mot pour assister à l'événement. Il y avait plein d'artistes, plein de médias, et il a même fallu refuser des gens à la porte parce que nous avions largement atteint la capacité permise.

Après, on a rapidement monté un spectacle qu'on a pratiqué pendant une semaine dans le gymnase d'une polyvalente. Mais avec les chansons du premier disque, nous n'avions pas assez de matériel pour un spectacle en entier. On a donc fait quelques *covers*, dont des reprises de chansons des Sultans comme *La poupée qui fait non* et *Tu es impossible*. On reprenait aussi *Every Breath You Take*, de The Police.

Le premier spectacle a eu lieu dans un collège de filles à Gatineau. Ce soir-là, nous étions tellement nerveux que nous avions l'impression d'avoir des bottes de ciment dans les pieds. Mais heureusement, après deux ou trois chansons, on a «défigé» un peu. Les filles capotaient dans la salle. On n'en revenait pas tellement ça criait ! Il a même fallu se mettre les mains sur les oreilles à un moment donné. C'était fou raide ! On a vu que ça marchait fort et que le succès était là de façon presque instantanée. On a roulé ce même spectacle pendant deux ans.

Contrairement à ce que certains peuvent croire, à l'époque, avant de monter sur scène, nous étions droits comme des barres. Nous étions disciplinés, parce que nous avions un spectacle à faire et qu'il fallait performer. Notre agent s'assurait qu'il n'y avait pas de dérapage. Mais après les *shows*, par contre, là c'était la fête. On sortait et on goûtait l'ivresse du succès. Toutes les filles étaient après nous autres et on avait l'embarras du choix. On en a profité... Certains plus que d'autres ! On était

« Quand le succès est arrivé, on n'a pas trop réalisé ce qui se passait. Tout allait si vite. Notre horaire était réglé au quart de tour et nos journées étaient remplies à craquer. Nous n'avions plus le temps de rien faire d'autre qu'être des BB. C'était bien correct, nous touchions au succès et c'était bon. »

tellement populaires que quand on entrait quelque part, on entendait des cris stridents. C'était l'hystérie ! Des techniciens devaient parfois nous servir de gardes du corps… On avait un tel succès auprès des filles que les hommes dans la place voulaient à l'occasion nous péter la gueule. On a donné du fil à retordre à Dino, notre directeur de tournée, qui en a vu de toutes les couleurs avec nous. La plupart du temps, il venait nous sortir du trouble et nous chercher dans le fond des bars.

Nous étions tellement dans l'action tout le temps que nous n'avions pas de recul. Chaque fois qu'on avait un moment libre, on s'éclatait et il arrivait qu'on ne dorme pas pendant deux jours. On était trop *high*. Oui, on a pris de la drogue, mais pas tout le temps. Il y a des soirs où on restait tranquillement dans le bus de tournée, à chanter. Mais il fallait préserver nos voix, surtout en hiver. Alors on regardait des films.

C'est certain qu'il y a eu des irritants entre nous durant les années à succès des BB. Il y a eu aussi une certaine jalousie de François et moi envers Patrick, parce qu'il exagérait parfois. Quand tu regardes nos vidéos, tu ne vois pratiquement que lui ! C'est vrai qu'il avait la gueule, mais ce n'était pas juste ça, Michel Gendron et lui étaient toujours de connivence et toujours à l'avantage de Patrick. Ils nous laissaient très peu de place. Nos tounes n'étaient jamais assez bonnes. Patrick et Michel ne voulaient jamais travailler nos chansons. Ces deux-là ne montraient pas la moindre petite ouverture. Tout ce qu'on faisait, François et moi, ce n'était pas bon. J'ai réussi à placer une « demi-toune » sur le troisième album, mais ç'a été difficile…

Je n'ai jamais songé à quitter le groupe ou à claquer la porte. Pourtant, j'avais l'impression qu'on se faisait avoir pour certains aspects des contrats, François et moi. J'ai même payé un avocat pour vérifier. J'expliquais à François que notre seule façon d'améliorer notre sort, c'était de vérifier nos affaires et de négocier ensemble. Mais devant Michel Gendron, quand celui-ci sortait un seul argument, François s'écroulait et je me retrouvais seul à revendiquer. On me disait alors que si je n'étais pas content,

« On a eu des vies assez rock'n'roll, à un point tel que je ne serais pas surpris que quelqu'un vienne me voir aujourd'hui en me disant que je suis son père. Il y a des soirs où les conquêtes se succédaient l'une après l'autre. Mais Patrick était le plus sage du groupe. Souvent, il rentrait à l'hôtel et se couchait de bonne heure. Il était en couple et déjà papa durant cette période. »

ils allaient me remplacer. Chaque fois que je protestais, c'était la menace d'expulsion. Il ne fallait pas prendre trop de place.

En même temps, nous étions trois types différents avec des fans clubs différents. Patrick attirait les jeunes femmes de 18 à 22 ans, François attirait les rockeuses, et moi, j'attirais les plus matures et les plus vieilles. Et puis, nous étions un trio, alors quand deux de nous étaient ensemble, eh bien, ils parlaient du troisième. C'était notre dynamique.

Mais au-delà de ces petites chicanes, c'était une magnifique expérience d'être un membre des BB. Sans Patrick et son génie, je n'aurais jamais vécu une telle intensité. Il était la locomotive d'un beau train. Il y avait aussi une *vibe* entre nous trois qui ne s'expliquait pas. On pouvait être des années sans jouer ensemble et quand on se retrouvait, c'était comme si on avait jammé la veille.

En 1989

raconté par...
RAYMOND BOURGEOIS

LA POPULARITÉ

Raymond Bourgeois, le père de Patrick, se souviendra long-temps de la soirée du 18 janvier 1987. Ce soir-là, il a vu son fils pour la première fois à la télévision. C'était à l'émission *Star d'un soir* où il était le protégé de Luc Plamondon. Patrick a chanté une chanson qui avait pour titre *Berceuse pour Barbie*, une pièce qu'il chantait dans le cadre du spectacle *Vis ta vinaigrette*.

RAYMOND BOURGEOIS — Voir M. Plamondon présenter mon fils comme étant sa découverte et lui prédire une grande car-rière à l'émission *Star d'un soir*, avec Pierre Lalonde, ça m'a tou-ché! Je n'en revenais pas. Surtout que Patrick, dans ces années-là, bûchait fort pour que ça débloque en musique. Mais ce n'était pas facile. Pendant une certaine période, il n'avait pas un sou. Que Luc Plamondon y croie, ç'a été une belle tape sur l'épaule pour lui et aussi pour nous, ses parents. On voulait tel-lement qu'il se passe quelque chose pour Patrick!

Au départ, Patrick, François et Alain envisageaient de faire de la musique en anglais. C'est Luc Plamondon qui a fortement recommandé aux Beaux Blonds, à l'époque de *Vis ta vinaigrette*, de faire de la musique en français. « Faites de la bonne pop en français et ça va marcher. C'est certain », leur a-t-il dit. Le parolier avait vu juste. Le plus ironique dans cette histoire, c'est qu'il n'écrira jamais une seule chanson pour Les BB et qu'il ne collaborera jamais avec eux sur un projet.

Je me souviens qu'un jour Patrick est arrivé à la maison avec une cassette où il y avait les premières chansons des BB. Il était tellement fier et convaincu que, cette fois-ci, c'était la bonne. Que ça allait enfin décoller pour lui. Je dois avouer que ce que j'entendais c'était bon, c'était accrocheur. Sa mère et moi, on se croisait les doigts pour que ça marche enfin.

Mais on était loin de se douter de ce qui s'en venait. Peu de temps après, on voyait notre fils et Les BB partout. On allumait la télévision et il était là, dans un clip ou en entrevue. On entendait toujours ses chansons à la radio. On nous parlait souvent de lui dans le quartier et à l'épicerie.

« Hé, Raymond, te souviens-tu quand il venait "péter" mes fenêtres en lançant des pommes ? » me disait la voisine, presque fière que ses vitres aient été victimes des fruits de mon fils.

Ça devenait fou ! Patrick nous appelait et il était toujours sur la route, quelque part au Québec, pour de la promotion ou pour un spectacle. Les journalistes nous appelaient à la maison pour avoir une entrevue. Ils voulaient tout savoir sur Patrick.

« Je pense que je ne me suis jamais autant inquiété de toute ma vie que durant la BB mania. »

Un jour, sa mère et moi sommes allés voir un de ses spectacles pas trop loin, ici, en ville. Ça criait tellement fort! Ça hurlait chaque fois que Patrick faisait un geste ou poussait une note. On espérait que ça marche et nous étions servis. Même que, à un moment donné, sa mère et moi avons commencé à avoir peur tellement ça devenait gros.

On voyait les attroupements de filles autour de lui et on s'est mis, avec raison, à s'inquiéter pour sa sécurité. Ma femme était très protectrice avec son fils. Patrick et elle étaient proches et très protecteurs l'un pour l'autre. Elle se faisait du mauvais sang. Elle avait peur qu'il lui arrive quelque chose dans tout ce tourbillon. Patrick, lui, ne semblait pas trop s'en faire. Il disait : « Il y a de la sécurité partout où nous allons. » Mais ça ne nous rassurait pas pour autant.

Il venait à la maison quand son horaire le lui permettait. Il nous faisait écouter de nouvelles chansons. Nous étions toujours parmi les premiers à qui il faisait entendre le nouveau matériel. Il avait les yeux si brillants, il était si heureux de tout ce qui lui arrivait. Des fois, il nous racontait qu'une fille l'avait suivi jusque chez lui, qu'il recevait de la lingerie dans sa boîte aux lettres ou que des fans tentaient de lui couper une mèche de cheveux ou de lui arracher ses vêtements lors des séances d'autographes dans les centres commerciaux. Il ne pouvait plus vraiment sortir seul. On épiait chaque geste de mon fils et il créait la commotion partout où il allait. Disons que ce n'était pas rassurant pour des parents! Au début, Patrick trouvait ça drôle. Mais, après un certain temps, c'est devenu tellement gros qu'il avait parfois peur pour sa sécurité.

Je me souviens d'une fois où il a frôlé la mort alors qu'il donnait un spectacle dans le nord de l'Ontario. Ce n'était pas à cause d'une fan, mais plutôt pour des raisons techniques: l'avion était incapable d'atterrir! Il ne restait que trois minutes d'essence dans le réservoir et il s'en est fallu de peu pour que l'avion s'écrase. Le pilote a réussi à faire une manœuvre miraculeuse et à atterrir dans une carrière. Patrick a eu la peur de sa vie, ce jour-là. Et nous aussi, après coup, quand nous l'avons su.

Il y a également eu des menaces de mort de conjoints jaloux qui voulaient la peau des BB parce qu'ils étaient trop populaires auprès des femmes. Encore là, rien pour nous rassurer. C'était la rançon de la gloire. Il fallait vivre avec ça, mais c'était dur sur nos petits cœurs de parents.

raconté par...
GENEVIÈVE BORNE

C'ÉTAIT PRESQUE L'ÉMEUTE

La relation de Geneviève Borne avec Patrick Bourgeois s'est déployée en plusieurs volets. Sa première rencontre avec le groupe remonte à l'époque où elle était VJ à MusiquePlus, en plein cœur de la BB mania. Elle a ensuite été la conjointe de Michel Gendron, qui était alors l'ex-agent des BB, puis elle a accompagné Patrick à quelques traitements de chimiothérapie, ayant développé une belle amitié avec lui au fil des ans.

GENEVIÈVE BORNE — J'ai connu Les BB en 1990, entre le premier et le deuxième disque. À cette époque, le groupe était un véritable monstre à trois têtes. Ce n'était pas un simple *boys band*, c'étaient des gars qui savaient jouer et qui avaient un grand sens du hit. L'ampleur de leur succès était énorme. Quand ils venaient dans les locaux de MusiquePlus, c'était toujours la folie, il y avait un attroupement monstre de jeunes femmes tout le long des vitrines. Elles tentaient de voir leurs idoles de plus près. Elles frappaient fort et voulaient entrer ; elles désiraient toutes une photo avec eux, un autographe. Parfois, leur insistance frôlait l'émeute.

« Je pense qu'il faut encourager les artistes de leur vivant. Patrick était un excellent mélodiste, un grand musicien, et il n'a pas toujours réussi à vivre de sa musique. C'est triste. »

« Patrick ne savait pas à quel point les gens l'aimaient. Les rendez-vous entre son public et lui n'étaient pas toujours ponctuels et il aurait mérité un meilleur sort. »

Geneviève en compagnie de Patrick et d'Alain Lapointe, à l'époque où elle était VJ à MusiquePlus.

Sa chanson préférée des BB : *Seul au combat*. « Pour moi, c'est une belle ballade. J'aime aussi beaucoup *Tu ne sauras jamais*, qui prend un tout autre sens depuis ses funérailles. »

Avec eux, chaque entrevue était une partie de plaisir et le rire était toujours au rendez-vous. J'étais là lors du lancement de leur album *Snob*. Ce soir-là, le Spectrum était rempli à pleine capacité et c'était le délire. À vrai dire, c'était le délire partout où le groupe passait !

Lorsque, plus tard, j'ai fait une entrevue sur le *shooting* de l'album *3*, j'ai été surprise par leur virage, par leur nouvelle maturité. À ce moment-là, ils étaient porte-parole d'un festival gastronomique, on a donc parlé de bouffe, mais j'avais du mal à garder mon sérieux parce qu'ils enchaînaient une blague après l'autre. Ils se lançaient la balle comme dans un ping-pong humoristique ! C'était ça, Les BB.

Des années plus tard, en 2008, j'ai pu connaître Patrick de façon différente après la mort de Michel Gendron, mon amoureux. Patrick m'a appelée et m'a offert son soutien. On a eu de belles discussions. Quand il est tombé malade ensuite, je lui ai offert de l'accompagner à des séances de chimiothérapie pour le soutenir à mon tour. Je me souviens que, lors de ces journées pourtant pénibles et grises pour lui, il faisait constamment des blagues, des jeux de mots et il rigolait. Il avait un sens incroyable de l'autodérision et il était très moqueur. C'est fou ce que l'on a pu rire pendant qu'il recevait ses traitements !

Parfois, entre les traitements, je l'appelais pour prendre des nouvelles. Jamais il ne se plaignait, et je sais pour être passée par là que ça peut être pénible, l'après-chimiothérapie. Il n'était jamais découragé et gardait espoir. Il avait toujours un projet en cours : « Je chante avec Ludo à Longueuil, ce soir », « Je suis en studio à enregistrer du nouveau matériel », « Je construis ma nouvelle maison, la maison de mes rêves ». Il se laissait porter par les projets et, pour lui, il n'était aucunement question de mourir. Il avait même le projet de lancer un prochain album. Je sais qu'il y a des enregistrements de nouvelles chansons qui dorment quelque part et j'espère que ça se rendra jusqu'au public.

raconté par...

DINO
BARTOLINI

J'ÉTAIS LA NOUNOU DES BB

Durant la BB mania, de technicien de son, Dino était devenu le directeur de tournée des BB... ainsi que la nounou ! Il prenait soin des trois gars afin qu'ils ne manquent de rien. Il assurait aussi la sécurité du trio. L'homme, qui a fait partie de l'aventure du groupe du début à la fin, a travaillé par la suite avec des artistes comme Céline Dion, Too Many Cooks, Garou, Robby Johnson et plusieurs autres. Le vieux routier partage avec nous ses souvenirs de l'époque où il était la nounou des BB.

DINO BARTOLINI — Quelques mois se sont écoulés depuis le départ des Beaux Blonds du spectacle *Vis ta vinaigrette*. Ceux qui se nomment maintenant Les BB ont un succès monstre dans les radios. Nous sommes en vacances avec Patrick, sa femme José, ma blonde et Michel Gendron, qui est venu nous rejoindre. Michel avait entre les mains la première cassette des BB et nous l'a fait entendre. Ça sonnait comme une tonne de briques et, très vite, la réponse du public a été énorme. À un point tel qu'une série de spectacles a été bookée rapidement.

« Les BB n'étaient pas le genre de groupe à avoir de grandes exigences dans leur loge, lors des tournées. Ils n'avaient pas de caprices particuliers. Ils voulaient juste une loge calme et sécuritaire pour se reposer. Ils demandaient parfois une caisse de bière à la fin de la soirée ou un plateau de sandwichs. Mais ça n'allait jamais plus loin que ça. Exiger un piano dans leur loge ou des M&M bleus, ce n'était pas leur genre. »

Michel m'a dit : « Écoute, Dino, tu connais Patrick depuis longtemps. Tu connais aussi François et Alain. Je cherche un directeur de tournée qui pourrait accompagner les gars d'une ville à l'autre et qui serait aussi un peu leur nounou. Tu serais la personne tout indiquée, selon Patrick. Est-ce que ça te tente ? »

J'ai dit oui tout de suite, parce que j'adorais ces trois gars-là. Aujourd'hui, trente ans plus tard, si je pouvais résumer en quelques mots cette période où j'ai accompagné Les BB, je dirais que ç'a été une belle aventure. On a sillonné la province et on était accueillis comme des rois partout où on passait. C'était le grand retour des *boys bands,* après des groupes comme Les Sultans.

Je me souviens que je devais insister très fort auprès des promoteurs pour leur faire comprendre qu'il faudrait des mesures de sécurité. Ils n'avaient aucune idée de l'impact que le passage du groupe aurait dans leur ville ou village. Moi, je savais que ce serait la folie et je tentais de protéger les gars de mon mieux. Il fallait un minimum de sécurité pour les jeunes filles qui tombaient sans connaissance et parce que, parfois, il y avait de petites émeutes, surtout lors des séances d'autographes. C'était souvent les pires situations, ça. Tout le monde voulait une photo, une signature, un bec. C'était beaucoup de gestion. Au début, les promoteurs se mordaient les doigts quand ils constataient qu'ils auraient eu besoin de plus de sécurité. Ils étaient dépassés par les événements. Il fallait agir vite et augmenter la sécurité de façon urgente. Je sortais alors ma célèbre phrase : « Je vous l'avais dit ! »

Des trucs de fou, j'en ai vu pendant que je travaillais avec le groupe. Des fans hystériques prêtes à tout pour aborder leurs idoles. Des filles qui glissent leur numéro de téléphone dans les poches de Patrick, François ou Alain. Certaines qui se déshabillent devant eux pour lancer une petite culotte ou un soutien-gorge. D'autres qui suivent le bus de tournée afin de savoir où loge le trio... Parfois, c'était gentil et doux, mais d'autres fois, il fallait agir vite. À plusieurs reprises, dans la foule, j'ai vu des filles avec des ciseaux pour tenter de couper une mèche des cheveux de Patrick ! Elles voulaient garder un souvenir de leur idole...

Une fois, j'ai eu vraiment peur pour les gars et pour nous. Et ce n'était pas à cause des fans, mais plutôt à cause de quelques conjoints jaloux du succès des trois gars auprès de leurs blondes. Lors d'un spectacle au Nouveau-Brunswick, on a reçu de vraies menaces de mort. Des gars voulaient la peau du groupe et menaçaient de le tirer à bout portant !

Il fallait garder l'œil ouvert. Le mot d'ordre était de ne pas en parler aux gars et de s'assurer qu'il y avait un maximum de sécurité partout. Je pense qu'il y avait un agent aux dix mètres. Il ne fallait prendre aucun risque. J'ai eu tellement chaud, ce soir-là ! Je n'ai jamais eu aussi hâte qu'un concert se termine. Ça m'a paru une éternité ! Heureusement, il n'est rien arrivé. Disons qu'on a quitté la ville très rapidement. Dans le bus, je me souviens que les gars ont dit : « Wow, il y en a de la sécurité dans cette ville, c'est incroyable ! » Je leur ai donc tout raconté. Ils n'en revenaient pas. Ils étaient sous le choc, dépassés par les événements.

On a souvent eu à dealer avec des maris jaloux ou des chums qui, dans les bars, y allaient d'attaques verbales envers le groupe. Les BB attiraient toute l'attention du public féminin et ça ne plaisait pas à tout le monde ! Il fallait accompagner les gars, même quand ils se rendaient aux toilettes : c'était souvent le pire endroit pour se faire ramasser ou rentrer dans le mur. Heureusement, nous avions souvent Tyrone Foster avec nous. Lui, c'était la crème quand venait le temps d'assurer la sécurité des gars. Quand il était là, je savais que ça irait bien.

Une bonne partie des jeunes filles qui venaient voir le spectacle avaient quinze ou seize ans. Elles étaient hystériques pendant la soirée, mais après, elles rentraient se coucher. Les pires, c'étaient les mamans qui les accompagnaient et qui, elles, sortaient ensuite dans les bars. Elles traquaient Les BB et avaient souvent des idées croches derrière la tête et les

Michel Gendron est venu rejoindre Patrick en camping pour lui faire entendre la maquette finale du premier album.

« Je me souviens d'une fan que l'on surnommait "la panthère noire". Elle était vraiment envahissante avec Patrick. Elle le suivait partout, elle était à tous les spectacles. Un soir, elle l'a suivi jusque chez lui. Elle lui envoyait des fleurs, lui écrivait des lettres. Elle était intense. À un certain moment, Patrick en avait presque peur, tellement elle était partout ! »

doigts baladeurs. Elles étaient souvent beaucoup trop entreprenantes et il fallait régulièrement intervenir. C'était ça, le succès des BB. Bien des femmes étaient prêtes à tout pour un moment privilégié et intime avec l'un des gars.

Je me souviens d'un spectacle à Beauharnois où l'ambiance était survoltée. Il y avait tellement de monde, la foule était compacte devant la scène. Il a fallu arrêter le spectacle pour éviter les accidents. Les gens en avant n'arrivaient plus à bouger ni à respirer, c'était dangereux. Ensuite, on a eu de la misère à quitter l'endroit. Il y avait trop de fans réunis et ça rendait la sortie du véhicule impossible. Il fallait rouler vraiment doucement et la voiture se faisait brasser par les admirateurs. Les gars ne pouvaient pas ouvrir les fenêtres, parce que c'était trop dangereux.

L'esprit de gang était magique entre nous. Autant avec les trois gars qu'avec les autres musiciens et les techniciens. C'était vraiment un bel esprit de famille. Patrick, François et Alain n'étaient pas stars pour deux sous. Ils se mêlaient au groupe et on avait un fun fou ensemble. On faisait tellement de spectacles, soir après soir, que nous avions opté pour la formule très américaine de l'autobus de tournée.

Nous avions des lits dans l'autobus et nous dormions sur la route, entre les villes. C'était un autobus de tournée discret. Aucun logo ni aucune image ne pouvaient laisser croire que c'était l'autobus des BB. Ça aurait été trop dangereux. Une fois, lors d'un spectacle en Gaspésie, une gang de filles a repéré le véhicule et, dans le temps de le dire, il était couvert de « Je t'aime, Patrick » et de numéros de téléphone inscrits au rouge à lèvres. Le chauffeur n'était pas content, c'est lui qui a dû nettoyer tout ça.

Quand je dis que j'étais la nounou des BB, en plus d'être leur directeur de tournée, c'est parce qu'ils étaient comme trois enfants qu'il fallait tout le temps ramasser. L'un oubliait sa guitare dans la loge quand venait le temps de partir, l'autre était introuvable parce qu'il n'avait pas couché dans le bus. Il y en

avait souvent au moins un des trois qui était soûl mort et qu'il fallait mettre au lit. Des fois, on devait les chercher dans la ville, parce que l'un ou l'autre n'arrivait pas à l'heure pour le départ de l'autobus.

Un jour, François Jean, qui était un vrai petit gars, a décidé de jouer au hockey bottine dans le gymnase d'une école secondaire avec les jeunes. Il s'est foulé la cheville. Il était incapable de marcher et, le pire, il ne pouvait pas mettre le pied sur la pédale de sa batterie. Cette fois-là, il a fallu faire appel à la magie de l'électronique pour sauver le spectacle parce que François ne pouvait pas jouer.

Je devais constamment surveiller les arrières de Patrick, parce que tout le monde voulait lui parler, tout le monde voulait un moment avec lui. Il avait parfois du mal à manger ou à se déplacer... Ça devenait harcelant. Je devais souvent établir des règles strictes et mettre des limites pour qu'il puisse respirer un peu.

Dans l'ordre, de gauche à droite : Alain Lapointe, Patrick Bourgeois, Normand Cyr, Dominique Guinois, François Jean et Dino Bartolini.

Je suis resté avec Les BB jusqu'au dernier spectacle avant la séparation. Vers la fin, je m'occupais aussi du son, parce qu'il y avait moins de budget et que leur popularité avait baissé. Les jeunes filles avaient vieilli et étaient passées à autre chose. J'entends toujours Michel Gendron dire que le projet des BB allait durer cinq ans, et ce fut le cas. Il était très lucide, il savait que c'était trop beau pour continuer. Mais encore aujourd'hui, les chansons des BB tournent à la radio et je suis heureux d'avoir participé à une si belle aventure.

Quand ils ont fait le spectacle aux Francofolies en 2008, je suis allé les voir. J'étais un inconnu dans le public et j'ai eu du plaisir à voir mes chums faire de la musique. Je regardais autour de moi et je voyais des grands-mamans, des mamans et des enfants. Comme quoi Patrick, Alain et François ont vraiment touché différentes générations avec leurs chansons. J'ai vu Patrick pour la dernière fois le jour de son 50e anniversaire. Ce jour-là, je ne pensais jamais que je n'allais plus revoir mon vieux chum.

« Ce serait un mensonge de dire que Les BB étaient sages durant la BB mania, en couple ou pas. Bon, certains étaient plus rock'n'roll que d'autres ! Chose certaine, Patrick était le plus sage... »

LE PHÉNOMÈNE D'ÉVANOUISSEMENT
DES FILLES EXPLIQUÉ PAR DINO

« Souvent, ça se passait dans les festivals. Les filles arrivaient tôt pour avoir une place proche de la scène. Elles passaient la journée sous le soleil sans vraiment manger ni boire. Elles ne voulaient pas se déplacer pour ne pas perdre leur place. Puis, vers 21 h, dès les premières notes, elles se mettaient à crier et à hyperventiler... et boum ! Elles tombaient les unes après les autres ! »

raconté par...
MITSOU

LES BELLES ANNÉES

Lorsque l'on joint le nom de Mitsou à celui de Patrick Bourgeois sur un moteur de recherche, le premier résultat est la chanson *Reste*, une pièce de son album *Yaya* paru en 1996 qu'elle chante en duo avec lui. Les deux icônes de la pop des années 1990 se retrouvaient en studio le temps d'une chanson.

« C'étaient les années d'un nouveau son. Des chansons comme *Loulou*, *Fais attention* et *Bye bye mon cowboy* ont les mêmes instrumentations. C'était une recette qui marchait. Parfois on se piquait des idées, l'un faisait un vidéoclip en Super 8, l'autre faisait la même chose… On était tissés serré, on se taquinait en se disant : "Bon, tu m'as encore copié…" Mais on s'en foutait. »

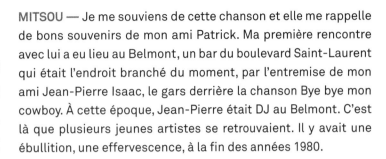

MITSOU — Je me souviens de cette chanson et elle me rappelle de bons souvenirs de mon ami Patrick. Ma première rencontre avec lui a eu lieu au Belmont, un bar du boulevard Saint-Laurent qui était l'endroit branché du moment, par l'entremise de mon ami Jean-Pierre Isaac, le gars derrière la chanson Bye bye mon cowboy. À cette époque, Jean-Pierre était DJ au Belmont. C'est là que plusieurs jeunes artistes se retrouvaient. Il y avait une ébullition, une effervescence, à la fin des années 1980.

J'ai ensuite vu Patrick performer pour la première fois dans *Vis ta vinaigrette*. C'était le spectacle à voir et les trois gars étaient fort impressionnants sur scène. Ils étaient flamboyants avec leurs cheveux blond platine, leurs pantalons taille haute et leurs camisoles coupées sous le bras, ce qui permettait de voir leurs côtes – c'était très sexy. Plus tard, ils allaient rendre leurs lettres de noblesse aux chemises fleuries et aux jeans troués. Chose certaine, ils avaient un look bien à eux, Les BB, et ils étaient magnifiques.

À cette époque, nous faisions partie d'une même grande famille. Nos agents Pierre et Michel Gendron étaient frères et nous nous tenions pas mal tous ensemble. Patrick était toujours gentil et avenant. J'étais le bébé de la gang et il était très protecteur. En fait, Les BB étaient comme des grands frères pour moi. À ce moment-là, mon disque *El Mundo* était un grand succès, mais lorsque le premier disque des BB est arrivé, un an après la sortie de mon album, ils en ont vendu pas mal plus que moi ! Je me souviens qu'il y avait une gentille compétition entre nous, c'était à qui serait le plus haut dans le palmarès.

« Les frères Gendron étaient des précurseurs, des visionnaires et des mentors pour nous. »

Mais Les BB, c'est devenu tellement gros ! C'était un groupe et ça déménageait en maudit sur scène : je ne pouvais pas entrer en compétition avec ça ! Et puis, ils étaient de grandes machines à succès, car Patrick pondait des hits à la vitesse de l'éclair. J'étais fière d'eux et de leur succès.

Patrick était beau comme ça ne se pouvait pas, il avait aussi un charme fou, mais je n'ai jamais été amoureuse de lui. Des journaux à potins de l'époque lançaient des rumeurs, mais Patrick, c'était un grand frère et on rigolait beaucoup ensemble. On a connu un immense succès en même temps, et on a pleinement vécu l'effervescence de cette belle période. C'étaient des moments de créativité extrême, tout était possible. Le Québec revenait à un star système avec des vedettes de la pop, comme à l'époque des Michel Louvain et Pierre Lalonde. Bon, il y avait des critiques qui s'acharnaient parfois contre nous, mais le public et l'industrie portaient un beau regard sur nous. On nous a ouvert bien grand les portes du showbiz et on a eu de belles années.

Après Les BB, Patrick a payé cher la rançon de cette gloire. Il a eu des années difficiles. Aujourd'hui, après sa mort, on a un plus grand respect de son succès, mais cet homme-là n'a pas eu la reconnaissance qu'il méritait de son vivant et c'est bien dommage. Je pense qu'il aurait aimé entendre toutes les belles choses qui ont été dites sur lui depuis sa mort. J'espère qu'il est content du haut de son nuage.

> Sa chanson préférée des BB : *Fais attention*.
> « C'est une chanson accrocheuse. Mais je dois dire
> que *Tu ne sauras jamais* me touche beaucoup. »

« La dernière fois que j'ai vu Patrick, il est venu à Rythme FM avec Ludovick pour notre émission *Mitsou et Sébastien*. J'étais contente de le revoir, il allait bien et il avait un projet de disque en tête. Je n'aurais jamais imaginé que ce serait la dernière fois que je le verrais. »

« Les BB, les frères Gendron et moi formions une belle grande famille. »

Patrick et Ludovick dans les studios de Rythme FM à Laval alors qu'ils participent à l'émission de Mitsou et Sébastien Benoit.

raconté par...

PIERRE GENDRON

L'ÈRE DE LA POP BONBON QUI SENTAIT LA GOMME BALLOUNE

Pierre Gendron est le frère de Michel Gendron, qui gérait la carrière des BB. Lors de cette même période, il était derrière le succès d'une autre vedette, Mitsou. Les deux frères, avec leur maison de disques Tox, étaient considérés comme les gros noms de cette nouvelle vague d'agents dans l'industrie du disque. Aujourd'hui, Pierre Gendron gravite dans le milieu de l'immobilier, bien loin de la musique. Il avoue même ne pas avoir allumé la radio depuis cinq ans. Pourtant, il continue d'être un amoureux de la musique. L'homme nous raconte ses souvenirs de ce qu'il considère comme «les belles années de la musique québécoise» où un certain Patrick Bourgeois trônait en roi.

PIERRE GENDRON — À cette époque, qui nous ramène vers le milieu des années 1980, mon frère Michel et moi étions entourés de musiciens. La musique était notre raison de nous lever le matin. Un bel attroupement de jeunes talents gravitait autour

Pierre Gendron en 2018.

de nous. J'ai rencontré Mitsou par l'entremise d'E. P. Bergen, un musicien branché qui allait devenir un membre du groupe Bran Van 3000. À cette époque, je travaillais dans un bar new wave de la rue Stanley, Le Glace. Il est arrivé un soir avec cette jeune fille blonde qui semblait avoir à peine 14 ans.

À ce moment-là, j'avais produit quelques disques de certains artistes dont Top Sonore. J'ai vite repéré le talent de la jeune femme. Il y avait des étincelles autour d'elle. Je me disais qu'elle avait vraiment un potentiel fou. Peu de temps après, Jean-Pierre Isaac, qui était DJ au bar Le Belmont, en plus d'écrire des chansons et des musiques, est arrivé avec une chanson qui avait pour titre *Bye bye mon cowboy*. Il avait besoin d'une voix pour enregistrer le démo. J'ai donc songé à Mitsou. À cette époque, Jean-Pierre était le nouveau nom sur toutes les lèvres et les gens commençaient à se l'arracher pour enregistrer avec lui. C'était le réalisateur de l'heure.

Bye bye mon cowboy était destinée à une autre chanteuse, mais finalement le démo était si bon avec la voix de Mitsou que je me suis dit que ça valait la peine de faire quelque chose avec cette version. C'est comme ça que je me suis retrouvé à faire de la musique avec elle. C'est devenu le succès que l'on connaît. Ça nous a ouvert bien grandes les portes de l'industrie. À cette même époque, mon frère Michel s'intéressait à trois gars qu'il avait repérés dans *Vis ta vinaigrette*...

Nous étions très proches, tous les deux. On se conseillait et on s'aidait souvent. Mon frère a répété avec les trois gars le même procédé en production que moi avec Mitsou : il a enregistré le disque chez Jean-Pierre Isaac, dans un petit appartement de la rue Saint-André qui lui servait de studio. C'était le nouvel endroit branché pour les jeunes artistes. Je me souviens que, des fois, les chanteurs enregistraient les voix dans les toilettes parce que ça sonnait mieux. Ce que je pourrais dire de cette période, c'est que parfois, dans la vie, le bon monde se rencontre au bon moment. Le succès des BB et de Mitsou, c'est dû à ça.

C'était un beau trip de gang et nous arrivions au bon moment. Avant que des artistes comme Mitsou et Les BB débarquent, nous étions encore dans la grisaille postréférendaire. Il y avait surtout des artistes engagés qui disaient au monde pour qui voter. Puis est venu un moment où ça prenait autre chose, et nous sommes arrivés avec nos artistes pop. Des vedettes colorées et un peu bonbon qui ne se prenaient pas au sérieux. Une nouvelle pop bonbon qui sentait la gomme balloune. C'était bon, bien fait et accrocheur. Ça amenait une belle fraîcheur.

Je me rappelle que Patrick était impressionnant. Ce gars-là, tu lui mettais une guitare entre les mains et la magie opérait. C'était un excellent musicien et il pouvait conquérir un public rapidement. Quand mon frère a voulu signer le trio, je n'avais aucun doute sur leur talent. Mais il fallait prendre les bonnes décisions, et c'est ce que mon frère a fait. Les chansons étaient là, les vidéoclips étaient là. Nous étions jeunes, nous avions faim et nous avions de l'ambition à revendre. On voulait réussir, on voulait que ça marche et ç'a marché. On a eu un fun fou. On a vécu la vie dont on rêvait quand on était petits. On rêvait de travailler dans la musique et on l'a fait.

Mon frère a été dévoué pour ses artistes. Il passait tout son temps à faire avancer leur carrière. Il a travaillé fort. Il a fait les bonnes manœuvres marketing et, en peu de temps, les trois gars remplissaient les salles partout et c'était fou. Les BB sont vite devenus beaucoup plus gros que Mitsou. Je me souviens d'une fois où ils faisaient une séance d'autographes dans un Polyson de la Place Rosemère : il a fallu vider le centre commercial, il y avait trop de monde, ça frôlait l'émeute et ça devenait dangereux. C'était du jamais-vu depuis l'époque de *Jeunesse d'aujourd'hui*.

Ils étaient demandés partout. Les BB, c'était la bonne humeur, c'était un beau vent de folie. C'est devenu gros tellement rapidement que ça donnait le vertige. Le vidéoclip a été un précieux outil pour nous, à l'époque. Ç'a été notre plus gros tremplin, aussi bien pour Mitsou que pour Les BB. Michel a vraiment géré le groupe de main de maître. Il a su tirer les bonnes ficelles et

« Ce qui arrive avec le décès de Patrick, c'est qu'on se rend compte, 25 ou 30 ans plus tard, qu'il avait un talent fou. »

Michel Gendron et Les BB.

« Les BB ont eu le presque plus gros succès que le Québec pouvait assumer. »

bien faire avancer les choses. Même si, parfois, gérer Les BB, c'était pas mal plus difficile que gérer Mitsou ! Les BB, c'étaient trois artistes, trois gars beaucoup plus tannants qui en ont fait voir de toutes les couleurs à Michel. Il fallait vraiment les encadrer dans ce tourbillon de fou.

Je peux dire que le plus sage des trois, c'était Patrick. Une chance, parce qu'il était l'élément essentiel de ce groupe. Il existait à lui tout seul, mais le groupe n'existait pas sans lui. Il était la voix, le leader du groupe et il devait vraiment livrer la marchandise en entrevue, en spectacle et presque vingt-quatre heures sur vingt-quatre, puisqu'il était constamment *in the spot*.

Patrick, c'était la tête. Il avait un bon jugement et il aidait beaucoup mon frère à ramener les deux autres à l'ordre, parce qu'ils étaient beaucoup moins disciplinés. Peut-on les blâmer ? Ils étaient jeunes, l'argent rentrait à flots et toutes les filles étaient à leurs pieds. Ils en ont fait de l'argent, Les BB. Ils en ont fait des conneries, aussi.

Ils ont vécu un enchaînement de succès radiophoniques, de disques d'or et de salles pleines pendant quelques années. Après le troisième album, qui était pourtant excellent, les choses ont un peu ralenti. C'était normal. À un moment donné, tout ne pouvait pas toujours rester aussi merveilleux. Tout ce qui monte finit par redescendre et ce fut le cas pour Les BB.

Je sais que le fameux spectacle de début de tournée au Forum a été fatidique pour eux. Mon frère tirait pourtant bien les ficelles avec le groupe. Mais je pense que ne pas faire ce spectacle aurait mieux servi Les BB. Le pari de commencer une tournée dans un aréna dans une grande ville était audacieux et les risques étaient élevés. Avoir une mauvaise critique pour un spectacle à Montréal, ce n'est jamais très bon quand vient le temps d'obtenir des spectacles en région... Les producteurs lisent les critiques et je pense que ça les a refroidis de voir de gros titres aussi peu gratifiants dans les journaux. Et certains médias étaient méprisants depuis longtemps envers Les BB.

Vient aussi un temps où de nouveaux artistes arrivent, où les goûts musicaux changent. Un moment où la petite fille de 14 ans n'a plus envie d'écouter la musique qu'elle écoutait à 10 ou 12 ans. C'est comme ça. C'est une grande roue qui tourne, le milieu de la musique. On voudrait que ça continue, mais la vraie vie, ce n'est pas ça. Une carrière en musique, habituellement, c'est un cycle de cinq ans. Après, ça ralentit ou ça s'arrête.

Ce que mon frère a fait avec Les BB, personne n'aurait fait mieux, peu importe ce que les gérants d'estrade en disent ou en pensent. La musique, c'est avant tout une business d'intuition. On n'avait pas peur, mon frère et moi, d'hypothéquer nos maisons pour produire un disque. Les BB et Mitsou sont des artistes qui ont fait de l'argent, mais ce sont des exceptions. Souvent, au Québec, on produit des superstars qui sont cassées. On voit leur face partout, mais ils ne font pas un sou. Tout le monde pense que ça roule dans le milieu, plusieurs ont le syndrome René Angélil et Céline Dion. Mais même Céline, elle ne vend plus

> Sa chanson préférée des BB : « J'ai deux chansons préférées, *T'es dans la lune*, parce que les paroles sont drôles, et *Tu ne sauras jamais*, qui est pour moi une grosse toune et un classique. »

« Quand j'ai vu que Les BB lançaient un album pour souligner leur retour, je n'ai pas compris. En tant que producteur, j'aurais eu un intérêt pour une tournée, mais pas pour du nouveau stock. Je n'aurais pas mis un sou là-dessus. Les fans de l'époque sont pratiquement des grand-mères aujourd'hui. Si elles vont voir un spectacle, c'est pour entendre les vieilles chansons. Pas pour en acheter de nouvelles. On ne réinvente pas la roue. »

autant de disques. Le milieu a trop changé. Aujourd'hui, je mets mes billes dans l'immobilier. C'est facile de trouver du talent, mais la grande question, c'est : on le vend où, ce talent ?

C'est presque cliché de dire ça, mais si c'était à refaire, je ne changerais rien. Et je suis certain que mon frère Michel, s'il était ici, dirait la même chose. Nous étions passionnés. Nous traversions le Québec avec nos artistes quarante fois par année et nous aimions ça. Ce fut une magnifique époque sur le plan musical et sur le plan humain. Et Patrick Bourgeois a été l'une des plus belles rencontres de ma vie. On n'oublie pas ce gars-là... On n'oublie pas Les BB.

« La dernière fois que j'ai vu Patrick, c'était au début de l'année 2017, à l'hôpital. Je passais des examens et j'étais en jaquette. Lui aussi était en jaquette, mais pour ses traitements de chimio. J'ai toujours aimé la mode et Patrick aussi, alors on parlait souvent de vêtements, lui et moi. On a bien rigolé en se retrouvant tous les deux dans une merveilleuse jaquette d'hôpital. Jamais je n'aurais pu prévoir qu'il allait partir aussi vite. J'étais même sûr qu'il allait guérir... On devait aller dîner ensemble, mais on n'en a pas eu le temps. »

raconté par...

GUY BROUILLARD

LES BB ET LA RADIO

Dans le milieu artistique, le nom de Guy Brouillard était redou-table. L'homme, désormais retraité, a été directeur musical à CKOI de 1976 jusqu'à tout récemment : il était de ceux qui déci-daient si une chanson allait tourner sur les ondes. Un oui ou un non de Guy Brouillard avait un impact majeur sur le succès d'un disque ou la carrière d'un artiste. Mais que représentait la mu-sique des BB pour lui ?

GUY BROUILLARD — « J'ai de la bombe entre les mains, c'est le plus gros groupe de l'histoire du Québec », m'a dit, l'agent de pro-motion Nick Carbone, un jour de l'été 1989, alors qu'il entrait en trombe dans mon bureau. Bon, disons qu'il avait l'habitude d'en beurrer épais quand venait le temps de vendre un artiste. Il était, à l'époque, la meilleure machine à promo en ville ! Il pouvait être très convaincant. Mais cette fois-là, il n'avait pas besoin d'en faire des tonnes : une simple écoute du premier disque des BB et j'étais gagné. Il n'y avait aucun doute, il fallait faire jouer ce groupe !

Ça sonnait bien, il y avait du *drum*, de la basse, de la guitare, la voix du chanteur était intéressante et ça avait plein de charme.

Il faut préciser qu'à la fin des années 1980, nous étions à l'ère des Richard Séguin, Paul Piché et Marjo, qui étaient certes d'excellents artistes, mais il fallait aussi un vent nouveau, quelque chose de rafraîchissant qui allait sortir de la masse, et Les BB répondaient à cette exigence. Tout était là: ils avaient un look étudié et une musique pop bien faite.

Faire jouer Les BB, ç'a été majeur pour notre station. Le public en redemandait et chaque fois que nous avions le groupe en entrevue, les cotes d'écoute grimpaient. Quand nous les invitions à des événements promotionnels ou pour faire quelques chansons devant public dans notre studio théâtre, c'était toujours un succès monstre. Il fallait même engager beaucoup de sécurité pour ne pas que ça tourne à l'émeute. C'étaient des bêtes de scène et ils frappaient exactement dans notre clientèle cible, ce qui était payant pour nous.

On a donc embarqué pas mal et on a fait jouer en boucle chacun des extraits des deux premiers albums. La plupart montaient haut dans les palmarès et généraient de la demande. Même *3,* le troisième album du groupe, a eu beaucoup de succès avec des chansons comme *Tu ne sauras jamais* et *Je tends les bras,* mais on a senti quand même un certain essoufflement sur le disque. Il y avait un creux dans cet album; certaines chansons, pour différentes raisons, n'avaient pas ce qu'il fallait pour devenir des succès radiophoniques. Pourtant, les premiers extraits ont été de belles locomotives pour ce disque. Je me souviens qu'à l'époque, je regardais les gars en studio, j'écoutais les entrevues et, déjà, j'avais l'impression que c'était moins le fun pour eux d'être Les BB. On aurait dit que le groupe s'était un peu perdu dans les travers de la gloire. Leur équipe a pressé fort le citron, il fallait battre son BB pendant qu'il était chaud, et le tout a manqué de vision à long terme. Ç'a été *life in the fast lane* et ce qui devait arriver arriva. La balloune s'est dégonflée et le groupe s'est séparé.

« La musique, c'est un cycle, c'est une roue qui tourne. À un moment donné, tu es en haut de la roue, puis ça redescend. Ainsi, quand un artiste fait un retour, eh bien, c'est assez rare que les radios embarquent. Sa musique n'est presque jamais aussi bonne que ce qui a été fait avant. On ne peut pas être et avoir été. »

Les BB ont été les rois pendant plusieurs années à CKOI et dans plusieurs autres stations de la province, mais il en a été tout autrement avec les albums marquant leur retour, des années plus tard. Même les albums de Patrick en solo ont été des échecs radiophoniques. Ce n'était plus dans le coup du tout. Le disque *Bonheur facile*, la première riposte des BB, n'avait rien d'intéressant pour une radio qui se veut jeune et tendance. L'album *Univers,* qui est arrivé quelques années plus tard, allait aussi décevoir. Pas question de faire tourner ça. Le son des BB se destinait désormais aux stations de radio adultes et plus «matante». Nous, à CKOI, nous étions une station à dominance rock. Donc, ça ne marchait pas du tout avec notre son. C'est triste, mais c'est comme ça. Ce qui est chaud aujourd'hui va refroidir demain, et Les BB, ce n'était plus au goût du jour.

Le groupe a été un morceau important dans l'histoire de notre musique. La BB mania, ç'a été une belle folie. De l'excitation à l'état pur, des mélodies accrocheuses à mi-chemin entre le rock et la pop, et trois beaux gars dans le coup qui étaient aussi d'excellents musiciens. Des groupes comme Les BB, il n'en passe pas souvent, et je dois avouer que j'ai un peu hâte à une prochaine folie similaire et rafraîchissante !

**LES 5 PLUS BEAUX HITS RADIO DES BB,
SELON GUY BROUILLARD**

T'es dans la lune
Snob
Donne-moi ma chance
Loulou
Tu ne sauras jamais

Guy Brouillard parmi les disques dans les locaux de CKOI.

raconté par...

JOSÉ AUMAIS

QUAND LE SUCCÈS CHANGE UNE VIE

Quand José a rencontré Patrick, il arrivait à peine à gagner sa vie avec des spectacles ici et là. Il n'avait pas de voiture et il habitait en appartement avec des colocs. Il n'avait pas un sou devant lui. Pendant deux ans et demi, c'est José qui a subvenu aux besoins de son homme. Mais au milieu de l'année 1989, avec le succès instantané des BB, l'argent s'est mis à couler à flots.

JOSÉ AUMAIS — On ne s'est pas mis à faire des folies quand les gros chèques ont commencé à arriver. Mais c'est certain que ça a changé notre vie. On s'est acheté une auto, une caméra vidéo et, plus tard, une maison. On a aussi fait quelques petits voyages.

Patrick n'était pas du genre à se promener dans une rutilante voiture sport. Il ne s'est pas acheté une Porsche, mais plutôt une voiture familiale, une Toyota Previa bleu royal. C'était le modèle de l'année, mais ça n'avait rien d'une voiture de luxe.

À part notre compte en banque, ce qui a vraiment changé avec le succès de Patrick, c'est notre vie privée. Tout est soudainement devenu tellement gros que ç'a été un peu paniquant. Avec le succès venaient en effet de nombreuses intrusions dans notre vie intime. Pendant quelque temps, nous avons continué à habiter le sous-sol chez ma mère, mais la maison était située juste en face d'une école secondaire de filles et d'une école primaire ; Patrick devait donc faire vraiment attention pour ne pas se faire voir, même en sortant les vidanges ! Il ne pouvait pas mettre le nez dehors à la sortie des classes et il devait donc toujours regarder l'heure avant d'ouvrir la porte. C'était devenu l'enfer...

Parfois, des filles qui avaient repéré Patrick venaient s'asseoir dans notre escalier pour l'attendre. D'autres sonnaient carrément à la porte. Les gens nous surveillaient beaucoup, y compris une jeune voisine qui espionnait chez nous avec des jumelles ! On n'avait plus le choix, à un moment donné, on a décidé de déménager.

C'est dans ces circonstances qu'on a acheté notre propre maison. On a choisi un quartier plus tranquille et surtout dans un coin plus anglophone, à Rosemère, sur la Rive-Nord. Là-bas, Patrick passait un peu plus inaperçu. On a réussi à se construire une petite bulle. Du moins quand on restait dans les alentours de la maison. Mais il n'était pas question d'aller au Costco ou dans une autre grande surface ! Il y avait vite un attroupement de gens autour de Patrick, c'était beaucoup trop intense.

Lorsque nous sortions quand même ensemble, je le laissais signer des autographes et je partais, Pénélope dans le panier, terminer les courses de mon bord. Mais dans les faits, on ne pouvait plus faire grand-chose en public. Juste s'arrêter pour manger un muffin causait une grande commotion. Notre vie était devenue très différente de celle des autres. Même faire garder la petite était impossible : les jeunes filles auraient reconnu Patrick,

José, Patrick en plein cœur de la BB mania.

auraient pu fouiller dans la maison pour se trouver des souvenirs ou encore dire à leurs amis où habitait Patrick Bourgeois.

Parfois, Patrick sortait de la maison habillé comme la chienne à Jacques... Ça lui permettait de passer un peu plus incognito et de pouvoir faire quelques courses. Il portait des culottes en coton ouaté usées aux genoux, un t-shirt Mickey Mouse avec une casquette de camionneur ou les cheveux remontés en palmier.

Au final, même dans notre nouvelle maison, il y a eu des intrusions. Par exemple, alors que Patrick était dans notre cour à faire du BBQ, deux petites filles sont entrées pour lui demander de signer un autographe. C'était dérangeant et épeurant à la fois, l'insistance des fans.

« Chaque semaine, on recevait de gros sacs de de courrier pour Patrick. C'étaient des lettres de fans, des demandes d'autographes, des filles qui envoyaient des photos d'elles en *baby doll*, ou d'autres, moins pudiques, qui se montraient presque nues. Mais je trouvais ça plutôt drôle. Heureusement, il y avait des lettres plus respectueuses. On faisait des piles dans le sous-sol et on relayait ça aux responsables du Fan Club Officiel.

LE PLUS BEL HOMME DU QUÉBEC…

« Une fois, au lac Bob, il est allé au dépanneur avec mon beau-frère, et comme il n'était pas équipé pour les grands froids, il portait des vêtements que nous avions dans le chalet : un vieux manteau de ma mère et un genre de turban en laine sur la tête. Il faisait dur, mais il s'en foutait ! Quand il est entré dans le dépanneur, la couverture du journal *Échos Vedettes* affichait en gros titre "Patrick Bourgeois, le plus bel homme du Québec".

Alors qu'ils étaient à la caisse, mon beau-frère a pris un exemplaire du magazine et, pour plaisanter, l'a montré à la caissière en désignant Patrick : "Peux-tu croire que c'est le plus bel homme du Québec ?" La jeune fille a répondu : "Euh, non, ce n'est pas lui, il ne sortirait certainement pas habillé comme ça et qu'est-ce qu'il ferait dans un coin perdu comme ici ?" Elle n'a jamais reconnu Patrick. Il a trouvé ça très drôle. Parfois, c'était la seule façon de sortir sans se faire repérer ! »

raconté par...

SYLVAIN COSSETTE

ON ME PRENAIT POUR LUI

À l'époque de la BB mania, Sylvain Cossette, lui, sillonnait les routes avec son groupe Paradox. Sylvain et Patrick avaient certains traits communs, et surtout la même crinière brune. Il est donc arrivé à quelques reprises qu'on les confonde. Après la mort de Patrick, le chanteur a pris sa guitare et a filmé une vidéo hommage dans laquelle il chante *Tu ne sauras jamais*, qu'il termine par un «Salut, Pat!». Sylvain Cossette se rappelle son ami Patrick Bourgeois.

SYLVAIN COSSETTE — Je me souviens d'un épisode où je me produisais sur scène avec mon groupe Paradox à Mont-Laurier, dans les Laurentides. Cette fin de semaine-là, Les BB étaient aussi en spectacle au même endroit. Ils étaient beaucoup plus populaires que nous! Après notre *show*, je suis allé prendre un verre dans un bar et un groupe de filles s'est approché pour me demander des autographes. J'ai accepté avant de finalement me rendre compte qu'elles pensaient que j'étais Patrick Bourgeois... Elles étaient un peu déçues!

Sa chanson préférée des BB :
Tu ne sauras jamais. « Pour moi,
c'est la chanson parfaite. »

« Un jour, quand il a appris que mon frère François était atteint de leucémie, il m'a appelé pour me demander son numéro. Il voulait lui remonter le moral, il voulait l'encourager et lui donner des trucs pour mieux vivre la chimio. Il a voulu le booster, lui donner de l'énergie. Tout ça alors que lui, il se battait si fort contre sa maladie. »

Sylvain Cossette à l'époque où on le prenait pour Patrick Bourgeois.

Sylvain et Patrick posent en compagnie du défunt Richard Gendreau, du magasin Musique Richard Gendreau, à Québec.

Ce scénario s'est reproduit à quelques reprises. Il y a aussi eu ce moment gênant au Gala de l'ADISQ en 1995 : Denis Coderre, qui allait devenir maire de Montréal en 2013, est venu me demander de signer un autographe et de prendre une photo pour sa fille. Après la signature et la photo, il m'a dit : « Ma fille va être contente, elle adore Les BB... » Je ne me souviens pas exactement de ma réaction, mais je pense que je n'ai pas eu le courage de le décevoir !

Il faut dire qu'au-delà de nos crinières longues et garnies, Patrick et moi avions beaucoup de points communs. Nous avions des voix similaires, un registre qui se ressemblait, et nous partagions des goûts musicaux et un vif intérêt pour les Beatles. Je me souviens que lorsque j'ai vu le clip *Loulou* pour la première fois à MusiquePlus, je m'étais dit : « Wow, ça va marcher, ce son et cette gueule. C'était parfait pas à moitié ! »

On ne se voyait pas régulièrement, mais on s'appréciait beaucoup et on a pu chanter ensemble sur différentes scènes, par exemple avec Les Porn Flakes ou sur la tournée All Star. On jasait pendant des heures de plein de sujets. Pat, c'était un passionné. Il pouvait parler de guitare, de tartare, de musique, de vin, du dernier fumoir à saumon qu'il s'était acheté... Il n'y avait pas de temps mort avec lui.

La dernière fois que je l'ai vu, il chantait à Boucherville, près de chez moi, à l'été 2017. Je suis allé le voir en coulisse peu de temps avant le spectacle. Il était vert. La maladie avait pris le dessus. Je lui ai dit : « Mais qu'est-ce tu fais là, Pat ? » Il m'a répondu : « La musique, c'est ma vie. Je ne veux pas penser à ma maladie et quand je chante, eh bien, j'oublie. Je veux faire des *shows*. » Ce soir-là, il a chanté comme un dieu. Je ne vais jamais oublier à quel point, sur scène, le temps de quelques chansons, la maladie semblait être un peu disparue.

Son départ m'a marqué. C'est un gars de mon âge, 55 ans, et c'est trop jeune pour partir. On parlait de faire de la musique ensemble, on devait se rejoindre un jour à son studio. On n'en a pas eu le temps...

raconté par...

JOSÉ AUMAIS

LA VIE DE FAMILLE D'UNE ROCK STAR

En plein cœur de l'explosion des BB, José a appris une grande nouvelle à Patrick : il allait devenir papa. Mais être le leader du groupe chéri du Québec et être père ne faisaient pas toujours bon ménage... José Aumais se rappelle ces années.

JOSÉ AUMAIS — En juillet 1989, peu de temps après la sortie de *Loulou*, le premier quarante-cinq tours des BB, je suis tombée enceinte (notre fille Pénélope naîtra en avril 1990). Lorsque j'ai annoncé la nouvelle à Patrick, il a capoté et m'a dit : « Ben là, ben là... On peut pas... » Il faut dire que le *timing* n'était pas très bon pour lui. Patrick vivait un immense succès avec Les BB et il avait une grosse tournée de spectacles qui s'en venait. Il était demandé partout. La BB mania faisait rage.

Après l'annonce de la nouvelle, il a été sous le choc quelques instants, puis il est parti faire un tour de voiture. Quand il est revenu, une heure plus tard, il a appelé sa mère pour lui dire, fou de joie : « Maman, tu vas être grand-mère ! » Il avait digéré la nouvelle. Il était content.

« Certains journaux cherchaient à me prendre en photo afin de dévoiler qui était la fameuse femme dans la vie de Patrick Bourgeois. Parfois, des photographes s'installaient près de chez nous avec des téléobjectifs. Certains médias me traquaient. J'ai déjà vu des photos de moi et des gros titres qui n'étaient pas toujours gentils. Je me souviens qu'une fois, il était inscrit : "Patrick refuse d'épouser sa blonde enceinte." »

Lors de la BB mania, j'étais enceinte jusqu'au cou mais je devais rester cachée. Il ne fallait pas que les fans sachent que non seulement leur beau Patrick Bourgeois était en couple, mais qu'en plus il allait être papa. Donc, on me demandait de me tenir loin et de ne pas suivre Patrick en tournée. Il faut dire que c'était une autre époque, qu'il ne fallait pas décevoir les admiratrices et encore moins briser le rêve. J'étais en couple avec l'un des « Beatles du Québec », or il ne pouvait pas avoir de blonde. Il fallait nourrir l'engouement des femmes.

Il y a même eu une certaine période durant laquelle je sortais toujours de chez nous un peu avant Patrick pour éviter que l'on puisse nous prendre en photo ensemble. Quand mon ventre est devenu trop apparent, ç'a été encore pire.

Pendant ma grossesse, Patrick était tellement pris avec Les BB qu'il avait du mal à se libérer pour des rendez-vous importants. Une fois, alors que nous devions aller ensemble à une échographie, il m'a appelée à la dernière minute pour me dire qu'il ne pouvait pas s'y rendre parce qu'il avait une entrevue.

José et Patrick attendent leur premier enfant.
Une première photo de famille officielle peu de temps après la naissance de Ludovick.

J'étais fâchée et il a compris : il a annulé son entretien. Je pense que quand il a vu le bébé à l'échographie, ça a été un *reality check,* parce qu'il a changé par la suite. Il est devenu plus présent et plus impliqué pour le reste de ma grossesse.

Mais en même temps, avec la naissance de Pénélope, puis celle de Ludovick, ma vie à moi est rapidement devenue du métro-boulot-dodo. J'étais une maman qui s'occupait de deux enfants alors que la vie de Patrick, c'était le *glamour*. Je ne pouvais pas le suivre dans tout ça, ma réalité à moi, c'était cuisiner le souper, préparer les enfants pour l'école, faire les lunchs et le lavage. Patrick et moi, nous vivions deux vies différentes. Lui, c'était la rock star que l'on voyait partout et qui faisait le tour du Québec ; moi, j'étais la fille rangée qui travaillait de 9 à 5 pour Claire Lamarche, et qui s'occupait seule de ses deux enfants et de la maison.

Je me souviens qu'une fois, il m'a téléphoné depuis Paris. Il venait de manger dans un des plus grands restaurants, ça avait coûté 5 000 dollars, puis il était sorti à la prestigieuse disco-thèque Les Bains. Moi, j'étais dans le *rush* du souper avec un enfant de deux mois qui pleurait dans mes bras et la petite entre les jambes qui criait pour avoir mon attention. Je faisais des filets de poisson surgelés à la poêle parce que je n'avais pas le temps de préparer autre chose. J'étais débordée et dépassée par les événements.

« Lorsque ç'a été su de tous que Patrick Bourgeois était père de deux enfants, il a commencé à poser avec Pénélope et Ludovick pour les entrevues des magazines, mais il n'était jamais question que moi, sa conjointe, je fasse partie de cela. Michel Gendron ne voulait pas qu'on me voie et que les gens sachent qui était la femme dans la vie de Patrick. C'était comme ça et je ne m'en offusquais pas. C'était peut-être de l'innocence de ma part. Mais je n'allais pas en faire une maladie. »

Durant les années de la BB mania, Patrick devait jongler avec la vie de rock star et la vie de famille.

« Patrick était un gars curieux qui aimait apprendre de nouvelles affaires. Il avait pris un cours de sommelier, il avait appris à piloter un avion. Il lisait tout le temps. Il adorait aussi écouter des émissions de cuisine, il n'en manquait pas une et il est devenu un cuisinier hors pair. Mes enfants n'ont jamais vu leur père ouvrir une boîte de conserve. Tout était toujours frais et fraîchement cuisiné. »

Je sais qu'il n'avait pas toujours le choix. Quand il était à la maison, Patrick était bon pour s'amuser avec les enfants, il les taquinait tout le temps. Il avait gardé son cœur d'enfant et, parfois, j'avais l'impression d'avoir trois petits. Il aimait nourrir la magie : à Noël, il montait sur le toit et faisait des traces autour de la cheminée pour que les enfants puissent croire que c'était le père Noël. Il organisait des chasses aux trésors et aux cocos de Pâques. C'était un bon père, quand il était là.

Mais en ce qui concerne notre couple, le succès a fait qu'on s'est perdus. Nos vies étaient devenues trop différentes. Parfois, il revenait de trois semaines de tournée durant lesquelles on l'avait dorloté et où on lui avait répété à quel point il était beau et fin. Et puis il arrivait à la maison et c'était une autre réalité. Moi, quand il revenait, j'en avais par-dessus le pompon de tout gérer et mon premier bonjour était : « Sors les vidanges ! » Il y a eu un *clash*, et ça nous a tués. Notre vie de famille aussi.

raconté par...
KATHLEEN

ÊTRE DANS UN CLIP DES BB

Lorsque l'on regarde le clip *T'es dans la lune* des BB, on peut voir apparaître à 0,47 seconde la chanteuse Kathleen qui, avant son premier album puis son succès *Ça va bien,* faisait ainsi son entrée dans le show-business !

KATHLEEN — À l'époque, mon équipe de gérance me faisait faire plein de projets différents pour que je découvre comment ça se passait dans le monde du show-business. Entre autres, j'ai chanté dans une manifestation avec le groupe The Box et j'ai joué dans le clip *T'es dans la lune* des BB ! Je regarde ces images et je me dis que j'étais si jeune, *so green*. Mais c'est bel et bien moi, la fille qui avait du papier d'aluminium dans les cheveux et qui portait des shorts en latex vert !

Je me souviens qu'en me rendant à l'avenue du Mont-Royal, près de Jeanne-Mance, où était tourné le clip, j'étais très nerveuse et intimidée à l'idée de croiser Les BB, parce que je les admirais. Je suis arrivée à l'endroit prévu et j'ai tout de suite croisé Patrick Bourgeois. Il m'a souri et m'a serré la main. Il était sécurisant. J'ai passé une super belle journée avec des gens agréables et j'ai eu beaucoup de plaisir.

Saviez-vous que Kathleen et Patrick ont chanté en duo une chanson qui a pour titre *Dites-moi où* ? Elle a été enregistrée en 1993 pour le film animé *David Copperfield*, auquel les deux vedettes ont participé.

Mettant en vedette
Patrick *Bourgeois*   Kathleen

Dans le rôle de
David Copperfield

Dans le rôle
d'Agnès

Sa chanson préférée des BB :
« Ça restera toujours *T'es dans la lune*. Simplement parce qu'elle est symbolique pour moi. »

Pendant les pauses, Patrick venait me jaser. Je lui ai raconté que j'allais faire un album, et il m'a affirmé qu'il était certain que ça irait bien pour moi. C'est fou à dire, mais cette journée de tournage avec les trois gars a été importante dans la suite des choses. Ça m'a un peu rassurée face au métier. On s'est revus par la suite, ici et là, sur différents plateaux de télévision.

Je ne me doutais pas à ce moment-là que j'allais retrouver Patrick dans un studio de doublage en 1993. Nous avions été recrutés lui, Jean Leloup et moi, pour prêter nos voix au dessin animé *David Copperfield*, d'après l'œuvre de Charles Dickens. Patrick jouait un chat qui s'appelait David ; moi, j'étais une chatte qui s'appelait Agnès ; Jean Leloup, lui, faisait le méchant beau-père, Edward Murdstone. On a eu beaucoup de plaisir à faire ça. La dernière fois qu'on s'est vus, c'est au lancement de la cassette VHS du film, qui avait lieu dans une fromagerie.

Je me suis toujours sentie liée à Patrick ; nous avions une belle complicité et nous faisions partie de cette nouvelle vague colorée dans la musique des années 1990 au Québec. Nous étions de ce même courant et, pour tous les deux, la suite des choses n'a pas été facile. Je me souviens qu'après la séparation des BB, il animait l'émission *Fa si la chanter*. Il essayait fort de revenir et ça m'a énormément touchée.

Nous ne nous connaissions pas tant que ça, mais nous vivions quelque chose de similaire. Nous étions passionnés par notre métier et soudain, après une certaine réussite, une barrière infranchissable s'était dressée devant nous. Et puis, les moqueries lancées à certaines émissions faisaient mal. C'est le côté triste de ce métier. Je suis certaine que si on s'était assis, Patrick et moi, pour jaser de tout ça, on aurait été sur la même page. Je sais par où il est passé puisque j'y suis passée aussi. Je pense qu'on se serait compris, tous les deux. Ce métier est beau, mais il peut aussi être cruel, parfois.

raconté par...

ALAIN LAPOINTE

SNOB, LE DEUXIÈME ALBUM

À l'automne 1990, Patrick Bourgeois s'est consacré à temps plein à la création des prochaines chansons qui allaient composer le très attendu deuxième album des BB. Il a de nouveau fait appel à sa bonne amie Geneviève Lapointe pour l'écriture de certains textes. À l'été 1991, le trio est entré au mythique Studio Victor pour enregistrer les nouvelles chansons. À la sortie de *Snob,* le premier extrait, le succès était déjà au rendez-vous. Le public, qui attendait avec impatience de nouvelles chansons, était enchanté et la folie s'est poursuivie de plus belle. Les spectacles de la tournée à venir affichaient rapidement complet: les billets se vendaient à la vitesse de l'éclair et le groupe provoquait encore des émeutes partout où il passait... Avec ce deuxième disque, la BB mania a continué sans aucune baisse de régime. Les trois musiciens étaient ravis. Ils étaient toujours le phénomène de l'heure.

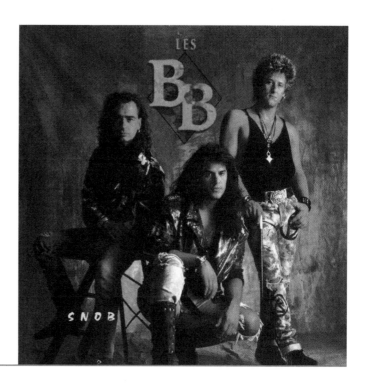

« Pour faire ce disque, Patrick s'est enfermé chez lui, dans son petit studio maison de Rosemère, pendant huit mois. François et moi, on allait le rejoindre pour travailler les tounes avec lui. Peu à peu, les chansons sont nées et nous étions prêts à entrer en studio avec Jean-Pierre Isaac. »

ALAIN LAPOINTE — Après le succès du premier disque, on sentait une grosse pression pour le deuxième. Il fallait arriver avec quelque chose d'au moins aussi bon. On a donc travaillé fort pour que ce soit une deuxième carte de visite impeccable. Alors que pour le premier album, c'était surtout Patrick Bourgeois et Jean-Pierre Isaac qui créaient en studio, j'ai vraiment pu m'impliquer un peu plus dans l'élaboration de *Snob*.

J'étais beaucoup plus présent et j'ai donc eu beaucoup plus de plaisir. On enregistrait ce disque au Studio Victor, qui est aujourd'hui disparu, mais qui était l'un des studios importants de cette époque avec le studio Perry, de Morin-Heights. Je me souviens d'avoir enregistré la *track* de piano de *Donne-moi ma chance* sur le magnifique instrument de l'endroit, en une seule fois. J'étais très fier et Jean-Pierre Isaac, le réalisateur, était bien impressionné de cela. Je l'avais tellement pratiquée pour que ça soit parfait en studio ! Cette chanson et *Tu ne sauras jamais* étaient des pièces très pianistiques. Je m'étais mis une grosse pression, je voulais absolument que ça sonne parfaitement. Je suis d'ailleurs encore très fier de ces deux chansons-là aujourd'hui !

Le soir du lancement, on a senti la pression tomber d'un coup. La réaction du public était fantastique et les hits étaient au rendez-vous! Ce disque, c'était une bonne continuité du premier. Il était plus pop rock, et les instrumentations et les mélodies étaient beaucoup plus élaborées. Il faut dire aussi qu'il a coûté beaucoup plus cher à produire que le précédent! On est passé d'un huit *tracks* à un quarante-huit pistes digitales. On était les premiers à le faire au Canada. Patrick avait découvert que Sting avait enregistré son dernier disque *The Soul Cages* avec cette nouvelle technologie, et il a réussi à convaincre notre agent de faire la même chose. On est donc passés d'un enregistrement dans un petit quatre et demie de la rue Saint-André à un autre dans un super studio professionnel. Ce n'est pas des blagues, le premier disque, on l'a fait avec un budget de 8000 $, alors que le deuxième en a coûté 100 000!

Selon moi, *Donne-moi ma chance* est l'un des deux plus gros hits des BB avec *Tu ne sauras jamais* (qui allait paraître sur le troisième disque). C'est devenu l'hymne du gars qui demande à sa

Trois BB heureux lors du lancement de l'album *Snob*.

Quelques semaines à peine après sa sortie, l'album est déjà certifié disque d'or.

« Je me souviens d'une séance d'autographes à Saint-Jérôme qui a mal tourné. Il y avait tellement de gens autour des vitrines du magasin de disques que ç'a fait une pression énorme sur celles-ci et elles ont littéralement explosé. Il a fallu sortir de là à la vitesse grand V. On a eu peur, mettons... »

blonde de lui donner une autre chance. Je pense qu'on en a sauvé des couples avec cette chanson qui a tourné en boucle ! Je pense même que ça nous a permis d'aller chercher un public de gars, parce qu'ils s'identifiaient à cette chanson.

Pour la sortie de l'album, notre agent avait décidé d'engager une styliste pour un léger changement de look qui allait accentuer notre côté un peu plus rock.

Le disque est apparu chez les disquaires le 28 octobre en format cassette et en disque compact. Les exemplaires se sont envolés comme des petits pains chauds. On pouvait se dire mission accomplie, puisque nous avions réussi à prouver que nous n'étions pas qu'un feu de paille...

Même les critiques, pour la plupart, ont été positives. Bon, il y avait toujours les mêmes réfractaires qui y sont allés d'une opinion négative, mais on s'en foutait un peu car les disques se vendaient bien, ça tournait dans les radios et on a donné à peu près 150 spectacles en 1992 qui étaient pleins chaque soir. C'était encore plus la vie de rock star qu'avec la première tournée. On se promenait en limousine et en jet privé. C'était complètement fou et on en a profité.

raconté par...

MARIO LEFEBVRE

LES BB EN FRANCE

À la fin des années 1980, alors que la BB mania déferlait sur le Québec, une véritable « Bruel mania » s'emparait de la France. Le chanteur Patrick Bruel obtenait à cette époque un succès monstre avec son deuxième album *Alors regarde* et le méga hit *Casser la voix*. En 1990, lors de son passage au Québec, le chanteur a croisé le chemin des BB. Il est tombé sous le charme et a voulu les présenter à toute la France. Il leur a donc offert de faire la première partie de sa série de spectacles au Zénith de Paris. Le groupe s'est produit pendant 9 soirs devant une foule de plus de 6000 personnes. Dès leur arrivée à l'aéroport, Les BB ont été accueillis par des fans. Certaines admiratrices connaissaient déjà les paroles des chansons du groupe. La réponse était positive !

MARIO LEFEBVRE — C'est passé vraiment proche de marcher fort en France pour Les BB. Un certain Bernard Carbonez, de chez BMG France, croyait dur comme fer en eux. Il a vraiment mis le temps et l'argent pour les faire connaître. Il y avait un réel engagement et ce serait faux de dire que ça n'a pas marché. On devrait plutôt dire que ça n'a pas marché comme ça aurait dû. Il y avait un *buzz* certain, les disques étaient disponibles dans les magasins, les chansons tournaient à la radio, le plan de marketing était bon. Les gars ont fait tout ce qu'ils devaient faire, dont les gros *shows* de télévision comme celui de Michel Drucker.

Mais la réponse du public n'a pas été aussi grande et n'est pas venue aussi rapidement qu'on l'aurait souhaité. Dans le milieu de la musique, après deux ou trois offensives, si tu n'es pas là où tu souhaitais être et que tu dois continuer de mettre de l'argent, tu peux décider de tout abandonner parce que tu n'atteins pas ton seuil de rentabilité. Avec le recul, je pense que ce qui est arrivé, c'est qu'ils n'ont pas eu LE gros hit qu'ils auraient dû avoir. Les marchés sont différents entre la France et le Québec, et ce qui est un hit ici n'en est pas nécessairement un là-bas.

Un jour, alors que Les BB faisaient la première partie de Patrick Bruel au Zénith de Paris, le cinéaste Roman Polanski est arrivé en coulisse après le spectacle. « Ma femme n'en a que pour Patrick Bruel, mais moi, c'est vous que j'avais envie de voir. J'ai adoré votre spectacle et j'adore aussi votre musique », a dit le cinéaste. Patrick n'en croyait pas ses oreilles.

Les BB débarquent à Paris et posent devant la tour Eiffel.

Les deux garnements avec un policier londonien lors d'un voyage à Londres.

« Je me souviens que lorsque je suis débarqué à Nice un soir de 1993, ç'a été la folie ! Je me suis fait poursuivre par des filles comme si j'étais Elvis Presley. C'était amusant et effrayant à la fois ».

Patrick Bourgeois,
dans le magazine 7 jours.

Et puis à cette époque, le pont pour les artistes québécois en France n'était pas encore tout à fait ouvert. Des noms tels que Luc De Larochellière ou Jean Leloup avaient eu un petit succès là-bas, mais sans plus. Ce n'est que peu de temps après, avec *Notre-Dame de Paris* et Céline Dion, que le pont s'est ouvert un peu plus et qu'il y a eu un vif intérêt pour des artistes comme Isabelle Boulay, Garou, Corneille et Natasha St-Pier.

Cet essai-là a tout de même permis à Patrick, François, Alain et Michel de vivre un peu du *big thing*, de la vie d'hôtel, des avions et des limousines. Ils ont vécu une période le fun. BMG, à ce moment, était le plus gros label de disques en France. Mais les gars ne voulaient pas mettre en suspens leur carrière au Québec, qui marchait fort, pour aller s'installer en France. Pour avoir du succès là-bas, il faut souvent s'installer pour une longue période, surtout à cette époque loin de l'ère Internet ! Si un artiste n'est pas suffisamment présent dans les talk-shows, qu'il ne donne pas d'entrevue dans les radios ou les magazines, il peut se faire oublier rapidement. Il faut être vu pour que ça marche.

Les BB ont vendu 100 000 albums en France
et pas moins de 250 000 *singles* de la chanson
Donne-moi ma chance.

Une certaine rumeur voudrait que l'introduction de la chanson *Loulou* soit née d'une rencontre entre le chanteur des BB et Jacques Higelin. Ce serait lui qui aurait inspiré ce bout de musique à Patrick Bourgeois. L'histoire raconte que Patrick avait alors 22 ans et était parti à Paris rejoindre un ami qu'il n'a jamais retrouvé. Heureusement, il est tombé par hasard sur la femme de Jacques Higelin qui, sous le charme du chanteur québécois, lui a proposé de venir vivre avec eux le temps de son séjour plutôt que de payer une chambre d'hôtel. Des nuits durant, Patrick et Jacques ont fait de la musique dans le grenier. Ils ont alors écrit une chanson qui avait pour titre *Hooligan*, chanson qui allait devenir plus tard le célèbre riff de la chanson *Loulou*.

« Notre agent Michel a un jour demandé à Patrick s'il pouvait chanter un peu plus à la française quand nous étions en France. C'était la même chose lorsque nous étions en entrevue. Mais nous refusions catégoriquement. Il n'en était pas question », a dit Alain Lapointe.

LES BB AU CŒUR D'UN ATTENTAT TERRORISTE

Profitant de quelques jours libres entre deux spectacles en région française, Patrick, François et Alain ont décidé de partir à Londres pour décompresser, visiter et faire du magasinage. Mais voilà qu'à un certain moment, les policiers se sont mis à crier pour évacuer un quadrilatère précis entre deux rues. Patrick et Alain se sont sauvés en courant, mais où était donc François ? À peine ont-ils eu le temps de courir quelques mètres qu'une grosse détonation s'est fait entendre. Une bombe dans une poubelle venait d'exploser. Le quadrilatère était fermé. Mais où était François ? Impossible de le trouver. Les deux gars étaient morts d'inquiétude. Ils se sont rendus au poste de police pour signaler la disparition de leur ami. Ils craignaient même le pire. Finalement, le soir venu, François a débarqué à l'hôtel, les bras remplis de sacs. Il avait fait la tournée des magasins durant toute la journée. Patrick et Alain ont songé un instant à lui arracher la tête, mais ils étaient trop heureux de voir leur vieux chum bien en vie.

raconté par...
NICK CARBONE

LES BB, C'ÉTAIT UNE MINE D'OR

Quand je suis devenu journaliste dans le milieu culturel, dans les années 1990, Nick Carbone était un nom que j'entendais souvent dans le domaine de la musique. Cofondateur et vice-président d'Isba Musique, il était aussi président de Tacca Musique, directeur de Polygram et un agent de promotion redoutable. Son CV était bien garni et il était derrière le succès au Québec d'artistes tels que Mylène Farmer, The Police, Bryan Adams et combien d'autres. Après avoir travaillé pour de grandes multinationales du disque, il a dirigé les carrières de France D'Amour, Gabrielle Destroismaisons et Kevin Parent, pour ne nommer qu'eux. Il a aussi été l'un des piliers de carrières d'artistes comme Mitsou, Nuance et, bien sûr, Les BB. Celui que l'on qualifie de « Clive Davis » québécois et de « Roi de la promo » n'a rien perdu de sa fougue quand il nous parle de Patrick Bourgeois.

NICK CARBONE — Je suis arrivé dans l'entourage des BB dès le début. Un soir, j'étais allé voir *Vis ta vinaigrette*, comme plusieurs personnes du milieu de la musique. C'était le spectacle à voir, pas parce que c'était très bon, mais parce qu'il fallait voir sur scène le fameux trio de musiciens dont tout le monde parlait.

Je me souviens lorsque j'ai aperçu ces trois gars-là avec leurs têtes blondes. Ils me faisaient penser à trois autres blonds que j'avais croisés dans ma carrière : The Police. La comparaison était facile, mais ils étaient bons, ils savaient faire de la musique et ils étaient impressionnants sur scène. Après le spectacle, je suis allé les voir en coulisse et Michel Gendron était là. Il agissait déjà à titre d'agent. J'ai alors sorti ma carte en disant : « Si jamais vous faites un disque, je veux être le premier à faire la promotion de votre musique. » J'y croyais…

Ce n'était pas tombé dans l'oreille d'un sourd et, un an plus tard, Gendron débarquait dans mon bureau avec la première chanson et le premier clip des BB. C'était *Loulou*, le premier *single*. Je suis tombé à terre en écoutant ça. J'adorais ! C'était différent, cool et moderne. En plus, les trois gars étaient de vrais musiciens qui pouvaient défendre leurs chansons sur scène.

C'était une mine d'or, rien de moins. Un jour, un journaliste anglophone est venu me rencontrer pour une entrevue au sujet de Mitsou. Une fois dans mon bureau, je lui ai dit : « *I've got something for you, something that's going to be bigger than Mitsou.* »

Il m'a dit que ça ne se pouvait pas. Il faut dire que Mitsou obtenait un succès monstre à l'époque. Je lui ai alors montré le clip de *Loulou*. Dès les premières notes, les premières images, il a capoté en me répondant un « *Where did you find these guys ?* ». Il n'en revenait pas. Les BB sonnaient comme une tonne de briques et ils s'apparentaient au son de John Cougar Mellencamp, qui était pas mal dans le coup à cette époque. « *They're gonna be very big !!!* » a-t-il dit et ce fut le cas.

Les BB, ç'a été un cadeau dans ma carrière. J'ai adoré ces trois gars-là. Puisque j'étais plus vieux qu'eux, j'étais un peu comme un père. Je m'occupais d'eux, je me souciais d'eux et je leur donnais des conseils. J'adorais particulièrement Patrick, car il me rappelait Sting. Il avait cette même aura, ce même charisme rare. Tu voyais dans son regard que rien ne pouvait l'arrêter. Il avait le sourire, le génie, la gueule de star. Je savais qu'il allait devenir une grande vedette.

À l'époque, j'étais leur agent de promotion. Mon travail était de rencontrer les directeurs musicaux des stations de radio et de promouvoir les artistes que je représentais afin que leur musique tourne dans les différentes stations. Quand je suis arrivé avec le quarante-cinq tours de *Loulou* sous le bras, la réponse a été plus que positive et je n'ai pas eu à pousser très fort. Les représentants radio n'en revenaient pas qu'un groupe comme ça existe enfin au Québec ! Ils ont embarqué à 100 % et, en peu de temps, les chansons des BB tournaient partout au Québec et sont restées dans les hauts sommets des palmarès pendant plusieurs semaines.

« Ces trois-là, ils étaient comme mes fils. J'ai eu à jouer au père avec eux. Il fallait les encadrer et éviter que ça déraille. Ils étaient si jeunes, si beaux, si talentueux, si populaires et si riches... »

Nick Carbone, Pierre Marchand, directeur de MusiquePlus, Les BB et Michel Gendron aux débuts des années 1990.

À cette époque-là, ça faisait dix ans que je travaillais pour les multinationales américaines. Les BB était un projet francophone, mais avec une attitude anglophone. Pour moi, la musique des BB nous sortait de cette période musicale un peu folklorique au Québec. C'était de la pop qui déménageait. C'était le début d'une nouvelle génération, d'une nouvelle ère dans la musique, avec des artistes comme Mitsou, Kathleen, Francis Martin, Roch Voisine et Marie Carmen. C'était rafraîchissant. Ça nous sortait d'une certaine morosité et ç'a été accueilli à bras ouverts.

Quand j'ai assisté au premier spectacle des BB, j'y ai vu un peu des Beatles que j'avais admirés à 16 ans au Forum de Montréal. Il y avait une belle folie dans tout ça et c'était parfaitement chapeauté par Michel Gendron, qui était un excellent agent d'artistes et qui savait où il s'en allait.

Je me souviens, quand ils sont arrivés, on disait qu'ils étaient trop beaux pour être bons et que c'était assurément de la frime. Il faut dire que nous étions dans la période de la plus grande imposture de l'histoire de la pop avec Milli Vanilli, ce duo franco-allemand qui trônait dans les sommets des palmarès mondiaux avec des hits pour lesquels ils ne chantaient pas une seule note.

Plusieurs accusaient Les BB d'être un subterfuge du genre, eux aussi. Mais le premier spectacle a cloué bien des becs et fait taire les mauvaises langues. Cela prouvait que non seulement ils étaient beaux et avaient des chansons accrocheuses, mais aussi qu'ils savaient jouer des instruments et chanter.

La question était : le groupe avait-il ce qu'il faut pour durer ou ne serait-il qu'un feu de paille ? Le temps nous le dirait.

Sa chanson préférée des BB : « Je dirais *Loulou*, qui est la chanson des débuts. J'ai aussi adoré *Parfums du passé*, qui est une magnifique ballade. »

raconté par...

TYRONE
FOSTER

ÊTRE LE GARDE DU CORPS
DE PATRICK BOURGEOIS

Dans le milieu des années 1980, Tyrone Foster travaillait au Spectrum. Il assurait sur place la sécurité de différents artistes qui se produisaient dans la mythique salle montréalaise. Parfois, il était aussi le chauffeur de certaines vedettes de passage. À cette époque, il était le garde du corps occasionnel de Mitsou. Un soir, pendant qu'il surveillait les coulisses lors d'un spectacle de Michel Pagliaro, Michel Gendron s'est approché de lui et lui a dit: «Je viens de signer un *band*, ça va être gros et je vais avoir besoin de toi.» Tyrone Foster ne le savait pas, mais ce soir-là, sa vie était sur le point de changer. Il allait passer d'agent de sécurité à véritable *bodyguard*.

TYRON FOSTER — Je me souviens, au départ, d'avoir trouvé que Les BB, c'était assez con comme nom. Je ne comprenais pas pourquoi trois beaux gars qui se partaient un *band* se nommaient ainsi. Mais j'ai vite réalisé dès le premier jour à travailler avec eux que, peu importe le nom, ça allait marcher. Un mois plus tard, le quarante-cinq tours de *Loulou* était lancé et ç'a tout de suite démarré très fort. Je me suis retrouvé un jour à les accompagner au centre commercial Place Vertu, où ils avaient une première signature d'autographes dans un magasin de disques.

C'est ce qu'on appelait les *in store*, dans le jargon du métier. Je n'étais pas engagé comme garde du corps ou comme membre de la sécurité. Mon job, c'était de conduire la voiture. Les trois gars étaient en arrière et Michel Gendron, leur agent, à côté de moi. Quand nous sommes arrivés au centre et que j'ai constaté le peu d'espace qu'il y avait dans le stationnement, j'ai su que ça allait être la folie. En baissant la fenêtre, j'ai entendu les clameurs d'une grosse foule. J'ai tout de suite dit à Michel Gendron de faire augmenter le nombre d'effectifs de sécurité. Il m'a répondu que tout était sous contrôle, qu'il allait y avoir mille personnes au plus.

Mais dès que nous avons avancé la voiture, ç'a été l'enfer. Les filles apparaissaient de nulle part et se bousculaient pour tenter d'approcher les trois gars. Elles voulaient les toucher et étaient incontrôlables.

J'ai regardé Michel et je lui ai dit : «*I told you.*» J'ai donc joué les gardes du corps : je me suis chargé de contrôler les 200 petites filles scotchées aux alentours de la voiture et d'aider les musiciens à entrer dans le magasin. Disons que j'ai eu chaud et eux aussi. C'était beaucoup d'hystérie à gérer !

Je pense que Les BB ont signé des milliers d'autographes ce jour-là. En sortant du centre, j'étais devenu le garde du corps officiel du groupe, et surtout de Patrick Bourgeois, qui était le plus populaire et qu'il fallait protéger le plus.

J'ai mieux compris dans quoi je m'étais embarqué quand Les BB sont devenus les porte-paroles des boissons Fruité. Je me souviens que le slogan était «Un été Fruité en BB», et qu'avec le contrat venait une tournée des IGA du Québec pour aller à la rencontre des fans. Chaque fin de semaine, on faisait le tour du Québec et c'était immanquablement l'enfer !

Il fallait planifier scrupuleusement chaque déplacement. Tout pouvait arriver. Je me souviens par exemple qu'une fois, dans un IGA de Drummondville, une fille a demandé un autographe à Patrick puis s'est mise à lui flatter les cheveux. Elle les caressait doucement au début, mais elle a ensuite commencé à les agripper et à ne plus vouloir les lâcher. Patrick était en larmes tellement elle tirait fort sur ses cheveux. Des événements comme ça, ça arrivait trop souvent. Je me suis donc mis à tout planifier pour éviter le plus possible les incidents. J'ai vraiment développé des réflexes de garde du corps.

Je ne compte plus le nombre de fois où des fans nous ont suivis après les spectacles dans leurs voitures pour savoir où logeaient les gars. Parfois, elles suivaient l'autobus pour voir où habitait Patrick. Moi, je tentais de déjouer tout ça et de protéger les musiciens de mon mieux.

Patrick et moi, on est devenus des chums. On s'entendait bien et on rigolait beaucoup tous les deux. Il me faisait confiance et je l'accompagnais partout. Si, dans un bar, il se levait pour aller aux toilettes, eh bien, je le suivais et j'allais aux toilettes avec lui. Dans les bars, le danger ne provenait pas des fans, mais plutôt des conjoints jaloux qui attendaient juste que Patrick se retrouve seul dans un coin pour lui faire peur ou le brasser.

Ça n'arrivait pas quand j'étais là. En général, je n'utilisais pas la force, car une phrase bien envoyée pouvait dissuader son homme. Mais, parfois, je n'avais pas le choix, il fallait protéger Patrick. Les hommes étaient jaloux de lui. Ils voulaient souvent lui faire la peau, péter sa belle gueule.

J'ai été le garde du corps de Patrick pendant pratiquement toute la période où Les BB ont été très populaires. Parfois, nous étions cinq gars autour d'eux pour les protéger. Patrick, François et Alain étaient aussi quelquefois turbulents et je devais jouer à la mère en allant les chercher dans le fond des bars et les ramener à l'hôtel. Il a même fallu mettre un couvre-feu, à un certain moment, pour protéger les gars d'eux-mêmes. On avait

« Il y a eu Diana Ross and the Supremes et il y a eu Patrick Bourgeois et Les BB. C'est comme ça. Le groupe, ça passait par lui. C'était la star. »

instauré un système avec une amende de 500 $ par quinze minutes de retard, déductible à la source. Disons que ça aidait parfois !

Je ne le savais pas à ce moment, mais cette aventure me préparait pour la suite, alors que j'allais devenir le garde du corps de grandes stars internationales comme The Police, Céline Dion ou encore les Backstreet Boys. Les BB et surtout Patrick Bourgeois ont été la meilleure des écoles.

À l'automne 2016, lors des auditions de *La Voix*, j'étais le responsable de la sécurité dans le Studio Mel's. J'étais dans mon petit bureau et j'ai entendu quelqu'un qui chantait une chanson des BB. Le plus étrange, c'était que sa voix était celle de Patrick ! Je me suis dirigé vers le studio et me suis mis derrière le fauteuil d'Éric Lapointe. C'est là que j'ai vu un jeune homme qui ressemblait à s'y méprendre à Patrick durant l'époque des BB. J'étais un peu sous le choc. Après l'audition, je suis allé le voir et je lui ai dit : « Toi, tu es le fils à Patrick ? » Il m'a fait un signe de la tête et j'ai ajouté : « Câlisse que tu ressembles à ton père ! Et tu chantes comme lui ! » Je n'en revenais pas de voir à quel point la génétique est forte. J'avais devant moi la copie presque conforme de mon vieux chum.

Lors des semaines qui ont suivi, j'ai été déçu de ne pas voir Patrick dans la salle lors des différentes étapes de l'émission. Je savais qu'il était malade et ça m'inquiétait un peu. Ludovick me disait que son père allait bien, alors... Lors de la finale de *La Voix*, j'étais dans le stationnement quand j'ai vu Patrick sortir de son gros *pick-up*. J'étais ému de le retrouver. Il était un peu amaigri et il avait le coco rasé. « Comment ça va, mon Pat ? » Je l'ai pris longuement dans mes bras. Il m'a répondu, avec son humour légendaire : « Je suis gelé raide sur la morphine ! » On a ri ensemble. C'était comme si je l'avais quitté la veille. Ce soir-là, Ludovick a gagné *La Voix*. Patrick était vraiment heureux et moi aussi. Je le savais qu'il allait gagner. La fierté était tellement imprégnée dans les yeux de Patrick, c'était émouvant.

L'été qui a suivi, j'étais le garde du corps de Ludovick sur la route lors de la tournée de *La Voix*. Patrick nous a accompagnés pour quelques spectacles. Lors d'une prestation à Longueuil, il était si fatigué en sortant de son camion que je l'ai pris dans mes bras. Encore là, il a blagué en disant : «Te souviens-tu que dans le temps, quand tu me prenais dans tes bras, c'était pour d'autres raisons ?» On a tous les deux rigolé. C'est vrai que je l'avais déjà pris dans mes bras quand il était soûl, pour le sortir d'un bar. Ce jour-là, malgré une situation triste, il avait encore trouvé le moyen de me faire rire. Cette journée de spectacle a été difficile pour lui. Il n'était plus en forme du tout et la maladie prenait le dessus. Il a dormi longuement dans sa loge avant de monter sur scène. Il a donné une performance incroyable, mais il était tellement épuisé ensuite que je l'ai repris dans mes bras pour le conduire à sa loge. C'était vraiment clair ce jour-là que mon ami n'en avait plus pour longtemps. Ça m'a déchiré. C'est la dernière fois que je l'ai vu.

Sa chanson préférée des BB : «C'est impossible pour moi de choisir une seule chanson des BB. Je ne vais jamais me tanner de ces tounes-là. Elles font partie de la trame sonore de ma vie, de mon époque. Patrick était un *hit maker*.»

« Quelques jours après la mort de Patrick, Ludovick était en spectacle avec *La Voix Junior* et il devait chanter un *medley* des chansons de son père. C'était prévu comme ça depuis longtemps. Je trouvais ça déchirant de le voir ainsi monter sur scène si peu de temps après pour chanter. Ludo était ébranlé, il m'a regardé et il m'a dit : « *The show must go on.* » Il a eu tout un aplomb. Moi, j'ai pleuré de l'entendre chanter les chansons de son père ce jour-là. »

raconté par...

NORMAND
CYR

LE RÊVE DE JOUER AVEC LES BB

En 1990, Normand Cyr était un jeune musicien qui jouait dans Arena, un *band* parmi tant d'autres qui faisait quelques *gigs* de reprises ici et là, dans les bars. Un jour, alors qu'il était à Baie-Comeau, il a appris que le populaire groupe Les BB était en ville. Il s'est dit que c'était maintenant ou jamais... Qu'il se devait d'impressionner Patrick Bourgeois et, qui sait, d'avoir une chance de jouer avec lui !

NORMAND CYR — Je jouais le soir même au Pub de Baie-Comeau, qui était l'endroit branché à l'époque, et Les BB, eux, jouaient à l'aréna du coin. Comme le Pub était le seul endroit pour sortir après le spectacle, je me suis dit qu'il y avait de fortes chances que les gars du groupe y débarquent. Ç'a bien été le cas, et ce soir-là sur scène, avec mon *band*, j'ai tout donné. J'ai joué de la basse comme je ne l'ai jamais fait dans ma vie. C'était LE moment de me faire remarquer par les trois gars. Je rêvais de jouer dans un groupe comme Les BB et d'entrer enfin dans les ligues majeures, de pouvoir quitter le milieu des bars.

Et ce soir-là, mon souhait a été exaucé : les artistes m'ont repéré ! On a pris quelques bières ensemble et ils m'ont demandé mes coordonnées, parce qu'ils aimaient ma façon de jouer. Je n'en revenais pas. Il faut dire que ç'a vite cliqué avec eux.

Mais l'appel tant espéré s'est fait attendre... À l'époque, leur agent, Michel Gendron, ne voulait pas d'un autre musicien homme dans l'équipe, alors il n'engageait que des femmes pour jouer sur scène avec Les BB. Il y avait eu, entre autres, Patricia Deslauriers et Dominique Quinor. Finalement, à la fin juin de l'année 1993, j'ai reçu un appel de François Jean qui, avec sa bonne humeur légendaire, m'a dit : « Hé mon chum, ça te tente-tu de jouer avec nous cet été ? On a un *show* samedi pour la fête du Canada. Faut que tu sois prêt ! »

J'étais tellement heureux ! Mais mon arrivée dans le groupe n'a pas fait l'unanimité... Lorsque je me suis présenté au bureau de Michel Gendron pour ramasser les disques et les partitions afin d'apprendre les chansons, l'agent n'a pas été très sympathique avec moi. Il m'a dit : « Moi, je ne veux pas te voir dans le groupe, mais les gars, c'est toi qu'ils veulent. » Disons que ça ne commençait pas trop bien... Mais j'ai rapidement livré la marchandise. J'ai appris les chansons en deux jours, et le samedi j'étais sur scène pour la grande fête du Canada dans le Vieux-Port de Montréal.

C'était mon premier spectacle avec Les BB et je n'en revenais pas. Il y avait 60 000 personnes devant la scène ! Jouer avec eux, c'était un rêve éveillé, c'était complètement irréel. J'ai finalement fait trois grosses tournées avec les gars. C'était fou : ils recevaient des fleurs et de la lingerie féminine sur scène pendant le spectacle. Moi, je regardais ça d'un œil amusé. Ça n'avait pas de sens tellement c'était gros. Un jour, une fille s'est approchée de la scène avec une rose dans les mains. Patrick a tendu la main, mais elle l'a contourné en lui disant « Non, la rose c'est pour lui ! », et elle m'a donné la fleur. Patrick a trouvé ça drôle. Il était content qu'une fan pense à moi.

Normand Cyr sur scène
à droite de son idole,
Patrick Bourgeois.

Patrick, c'était un gars généreux, un rassembleur qui aimait partager les projecteurs. Un soir, pendant un spectacle, juste avant l'entracte, il a dit à la foule : « Mon ami Norm joue et chante du Led Zeppelin comme pas deux, et il va vous faire quelques tounes. » J'ai capoté un peu sur le coup, mais je connaissais tellement par cœur les chansons que je n'ai eu aucun problème à relever le défi. J'ai joué *Immigrant Song* et *Rock'n'roll* devant une salle pleine. Ç'a été le *trip* de ma vie !

Une autre fois, Patrick m'a demandé de venir signer des autographes avec eux à la grande table après le spectacle. Je l'ai fait, mais par la suite, Michel Gendron m'a convoqué dans son bureau. Il m'a rappelé que Les BB, c'étaient trois gars, pas quatre, et qu'il ne voulait plus que je signe d'autographe. Il ne voulait pas d'intrus dans son trio. J'ai l'impression qu'il ne m'aimait pas beaucoup !

« On a enregistré un disque *live* lors d'un spectacle au Festival international de montgolfières de Saint-Jean-sur-Richelieu à l'été 1993. Le disque porte le titre un peu racoleur de *Une nuit avec Les BB*, mais c'est une excellente captation de ce qu'était la formation sur scène à cette époque. »

Au-delà de ce différend, je garde tellement de magnifiques souvenirs de cette période. Comment oublier ça ? Je montais chaque soir sur scène avec le groupe de l'heure pour jouer devant un public conquis d'avance, ou presque. Les fans du groupe étaient exceptionnels. Ils étaient fidèles et plusieurs les suivaient d'une ville à l'autre.

Être un musicien avec Les BB, c'était surtout une partie de plaisir, mais il y avait des petits accrochages parfois entre les trois gars, comme dans tous les groupes. Jamais rien de bien sérieux, par contre, et quelques instants après, tout le monde prenait une bière et rigolait ensemble. Ç'a été comme ça jusqu'au dernier spectacle du groupe avant la séparation. Il y en a qui disent que le spectacle au Forum a été catastrophique. Au risque d'avoir l'air de prêcher pour ma paroisse, je trouve que c'est faux. Ç'a été un bon spectacle et on était fiers d'avoir joué au Forum, mais le lendemain, on n'était pas contents quand on a lu les critiques dans les journaux. C'était sévère pas à peu près !

Après cette journée, on n'en a plus jamais parlé. On a poursuivi la route avec la tournée jusqu'au dernier spectacle, en 1996, qui avait lieu dans une magnifique église à Waterloo, en Ontario.

C'est la dernière fois que j'ai joué avec le groupe. Quelques années plus tard, j'ai accompagné Patrick dans quelques spectacles solo. Mais ça n'avait rien à voir avec ce qu'étaient Les BB à l'époque. Pourtant, j'avais le même plaisir fou à jouer avec ce gars-là. C'était un vrai chum.

Il y a juste un Patrick Bourgeois, et j'ai eu la chance de jouer avec lui. Ce n'est pas rien. Mon rêve, je l'ai réalisé.

> Sa chanson préférée des BB : *Un soir de septembre*.
> « Ce n'est pas une chanson connue, mais j'adorais
> la jouer sur scène. Elle a un petit côté folk
> que j'aime bien. »

raconté par...

ALAIN LAPOINTE et SONIA BENEZRA

L'ALBUM *3*

Le 3 novembre 1994, le troisième album des BB était lancé au Musée de l'humour du boulevard Saint-Laurent, à Montréal. Il faut préciser ici : troisième album « original », puisque l'année précédente, et un an à peine après le lancement du deuxième disque, le groupe avait fait paraître un album *live* au titre qui en disait beaucoup, *Une nuit avec Les BB*.

ALAIN LAPOINTE — Ce disque-là, on l'a vraiment fait en entier chez Patrick, dans ses « Studios du Loup ». Je pense qu'on s'est retrouvés là tous les jours pendant six mois. Patrick était vraiment bien équipé et avait acheté une console de mixage Midas. C'était hallucinant de travailler là-dessus. On passait des heures à faire les chansons, on était comme des enfants avec le plus beau jouet du monde. Je me suis beaucoup impliqué avec Patrick dans la création de ce disque-là, et c'est vraiment dommage que ce soit celui qui a le moins bien marché... Pour moi, il y a de grandes chansons sur ce disque. Je pense, entre autres, à *Je tends les bras,* qui est une composition magnifique et qui

aurait dû obtenir un plus grand succès. Mais les radios ont moins embarqué, pour des raisons que je m'explique encore mal.

Pour moi, 3 est un album plus mature et plus accompli que les deux autres. On avait aussi repris sur ce disque la belle chanson *Je n'aurai pas le temps* de Pierre Delanoë. Je pense que ça démontrait une belle évolution.

Avec cet album, on a senti que l'intérêt du public était moins là. Mais on était loin de se plaindre, puisqu'on avait vendu environ 400 000 exemplaires de nos deux premiers disques. Notre mission avec ce disque était d'arriver avec des textes plus accomplis et moins légers. On quittait un peu le *happy happy* et on arrivait avec des chansons légèrement plus sérieuses. Je pense que ç'a fait reculer les fans. Pourtant, on avait hâte de les retrouver, surtout qu'on avait passé plusieurs mois sans faire de spectacle. Notre dernière prestation remontait au Ice Show du Forum avec Marie Carmen, l'hiver précédent.

Le disque a beau avoir été certifié Or peu de temps après sa sortie, une certaine fatigue s'était installée au sein du groupe. On a clairement senti que l'engouement pour la musique des BB n'était plus le même et ça nous a démotivés. Au Gala de l'ADISQ, à l'automne, on est repartis bredouilles pour la première fois depuis les débuts du groupe. Avant, tout ce que touchaient Les BB se transformait en or. Là, subitement, ça reluisait moins.

« Lors de la période de création de ce disque, Patrick, François et moi étions plus proches que jamais. On venait de passer plusieurs mois cloîtrés ensemble et on avait développé des liens encore plus forts. On avait même créé notre première chanson à trois. Elle avait pour titre *Il est seul* et elle traitait du suicide d'un adolescent. Elle est sur le disque, mais n'a jamais été un extrait. »

Après quatre disques en autant d'années (en incluant l'album *live*), il a fallu se rendre à l'évidence que le phénomène s'essouf-flait un peu et je pense que, tranquillement, l'idée de partir cha-cun de notre côté a commencé à germer. Puis l'échec du premier spectacle au Forum est venu confirmer le tout.

Mais contrairement à Patrick, qui songeait à faire des projets solo et des disques pour enfants, ou à François, qui souhaitait produire sa propre musique, je ne voulais pas que ça s'arrête. Je ne comprenais pas pourquoi il fallait appuyer ainsi sur le frein parce qu'un album rejoignait moins le public. Je me disais qu'il fallait juste se reposer un peu et se reprendre avec le prochain. On avait ce qu'il fallait pour que ça dure plus longtemps. Mais notre agent, Michel Gendron, disait qu'il avait fait le tour du trio et qu'il allait maintenant poursuivre sur la voie du succès avec Patrick en solo.

Patrick, de son côté, semblait essoufflé par la vie de rock star. On avait joué partout au Québec, ça avait été de grosses années et il faut dire qu'il avait désormais deux enfants à la maison. Il avait envie de se poser un peu, de vivre une petite vie de ban-lieue tranquille et de gagner sa vie en chantant en solo et en faisant des *jingles* ici et là.

L'idée semblait être faite dans sa tête et dans celle de François aussi. Patrick avait fait le tour du jardin avec Les BB. J'étais déçu, mais je comprenais que les gars veuillent se lancer dans leurs projets personnels. Je n'ai pas eu le choix que de suivre le mouvement. Même si c'était dur pour moi de laisser un aussi beau projet que celui des BB. Je savais qu'après ça, plus rien ne serait comme avant.

Le lancement de l'album *3* fut un immense succès.

Une belle amitié unissait l'animatrice Sonia Benezra aux BB. Ils lui ont d'ailleurs remis un disque d'or pour la remercier de son appui au groupe.

DES ADIEUX EN DIRECT À LA TÉLÉVISION, CHEZ SONIA BENEZRA

De 1992 à 1996, Sonia Benezra a animé un populaire talk-show de fin de soirée qui portait son nom sur les ondes de Télévision Quatre Saisons. Cette émission est devenue une belle niche pour Les BB qui ont visité son plateau à de multiples reprises. Une belle amitié s'est ainsi développée entre l'animatrice et ceux qu'elle appelait affectueusement ses « trois *boys* ». Le 10 février 1996, c'est en direct de cette émission que Les BB ont fait leurs adieux à leurs fans et qu'ils ont performé une dernière fois ensemble. Heureusement, c'est sur une note joyeuse que ce « spécial séparation » s'est tenu en studio avec plusieurs centaines de fans qui n'en revenaient pas de voir leurs BB les quitter. Sur le plateau, Patrick a expliqué qu'il était temps pour chacun de partir de son côté : « Nous ressentons le besoin de changer d'air et de

quitter la scène pour de bon. Je suis probablement celui qui voulait le plus arrêter cette aventure musicale », a-t-il dit. Sonia Benezra était contente que ses *boys* soient venus faire leurs adieux en direct à son émission. « Ce fut un moment émotif pour moi. Et que dire des fans dans l'assistance qui pleuraient à chaudes larmes ! Les gars aussi étaient très émus. Ça avait beau être leur décision, n'empêche qu'ils tiraient un trait sur ce qui avait été assurément la plus belle aventure de leur carrière », confie-t-elle.

MARIO
LEFEBVRE

LA DÉBANDADE AU FORUM
DE MONTRÉAL

Plusieurs personnes rencontrées pendant l'écriture de ce livre s'entendent sur une chose : le fameux spectacle du 13 mai 1995, au Forum de Montréal, a été un moment crucial dans la carrière du groupe. La soirée, considérée comme catastrophique par plusieurs, marquerait même le début de la fin pour Les BB. Le groupe ne se serait jamais remis des critiques dévastatrices parues dans les journaux, le lendemain. Mario Lefebvre, conseiller spécial du groupe, fait pour nous l'autopsie de cette soirée.

MARIO LEFEBVRE — Ce spectacle ne s'est pas très bien passé. On avait peut-être vendu 2600 billets, pas plus. On s'attendait à en vendre facilement le double. Dans le temps, je travaillais chez Distribution Select, à la promotion, et j'avais dit à Michel Gendron, leur agent, que ce n'était pas une bonne idée de commencer la tournée au Forum. Pas parce que je pensais Les BB incapables de le faire, mais parce que ça aurait été mieux de terminer la tournée au Forum, pas de la commencer. Il y avait plusieurs nouvelles chansons que le trio ne maîtrisait pas encore parfaitement. Les gars étaient un peu rouillés, parce qu'ils n'avaient pas joué pendant plusieurs semaines… Le spectacle était loin d'être rodé ! En fait, ils n'étaient pas prêts du tout pour une grande salle. C'était casse-gueule et ça aurait été plus payant pour eux de ne pas faire ce spectacle, plutôt que de le faire de cette façon.

Michel était convaincu que ça allait marcher. C'est lui qui avait le dernier mot. Mais ce soir-là, non seulement ça n'a pas marché pour les ventes de billets, mais en plus le *band* ne jouait pas bien. Ils n'étaient pas *tight* et la voix de Patrick n'était pas à son meilleur. Il y avait plein de nouvelles chansons que les gens ne connaissaient pas et que le groupe lui-même n'avait encore jamais jouées *live*. Pour une raison inexplicable, il y avait une froideur dans la salle. Le *show* ne levait pas comme il aurait dû lever. Certains fans de la première heure, qui pardonnaient pourtant tout aux BB, sont repartis déçus.

Patrick était un conquérant qui faisait les choses pour réussir et pour gagner. Ce soir-là, il n'avait pas les mêmes étoiles dans les yeux. Et il jetait parfois un regard irrité vers ses deux partenaires qui ne jouaient pas bien. Il semblait impatient et pas content. Ça ne regardait pas trop bien pour la suite des choses. Ce premier spectacle au Forum était annonciateur de ce qui s'en venait.

Durant la tournée de l'album *3*, la frénésie n'était plus la même qu'avant. Elle était là, mais moins intense. Non seulement le spectacle au Forum ne s'était pas bien passé, mais il avait laissé des séquelles pour la suite. C'était la première fois en cinq ans qu'on sentait les structures fragilisées. En plus, le nouvel album ne se vendait pas aussi vite que les deux précédents…

Les gros titres plutôt négatifs dans les journaux n'étaient pas de bon augure pour les producteurs en région, qui étaient frileux à l'idée de faire venir le groupe dans leur salle. La tournée a donc

« Je me souviens que Patrick était aux anges à l'idée de jouer sur la scène du Forum, cette scène où il avait vu ses idoles, comme The Police, et où jouait son équipe favorite, le Canadien de Montréal. Ce n'est pas pour rien qu'il est monté sur scène, ce soir-là, en disant qu'il réalisait un rêve de ti-cul en chantant dans cet aréna mythique. »

été beaucoup moins importante que prévu au départ. Un autre dur coup pour Les BB.

Il ne faut pas oublier que de nouvelles vedettes arrivaient dans le paysage musical. On sentait alors que, même si Les BB occupaient toujours une place de choix dans le cœur des femmes, ils n'avaient plus la faveur du public comme deux ans plus tôt.

Je me souviens que, durant cette période, il y avait de plus grandes tensions dans l'équipe et dans l'entourage. Il y avait de plus grandes divergences d'opinions sur ce qui devait ou non être fait. La fondation était ébranlée et le succès semblait s'éloigner doucement, ce qui a fait paniquer beaucoup de monde. Même au Gala de l'ADISQ, cette année-là, le groupe, pourtant habitué à récolter plusieurs statuettes, est reparti bredouille.

Durant les mois qui ont suivi, partout où le groupe passait, l'impact était moins grand et les foules étaient moins nombreuses. Quand on y pense, c'est normal. La frénésie totale et l'hystérie collective, ça ne peut pas durer éternellement. Il y a un essoufflement inévitable au bout de deux ou trois ans. Un succès aussi important que celui des BB, quand ça arrive, c'est presque trop gros pour être vrai.

Ç'a été le cas avec d'autres artistes de l'époque de *Jeunesse d'aujourd'hui*, comme Michel Louvain, Pierre Lalonde, et plus récemment avec Roch Voisine. La Roch mania s'est essoufflée comme la BB mania s'est essoufflée. C'est normal. À partir de là, tout est un peu plus petit, un peu moins *hot*, un peu moins intense. L'essoufflement, tu as beau le prévoir et tenter de l'éviter, il va arriver pareil. Je ne connais pas un seul artiste qui ne l'a pas vécu. Disons que cette soirée au Forum marque le début de la fin dans l'histoire du groupe. Mais cette fin, elle était prévisible et inévitable.

La chanson préférée de Mario Lefebvre :
Tu ne sauras jamais. « Cette chanson est magnifique, rien de moins. »

Pendant l'entracte du spectacle au Forum, Luc Plamondon est venu remettre aux BB une plaque honorifique pour 500 000 disques vendus en carrière.

MARIE-CHRISTINE BLAIS

LES BB *VS* LES CRITIQUES

Lorsqu'ils sont débarqués dans le paysage culturel à la fin des années 1980, Les BB ont été perçus par plusieurs comme un vent de fraîcheur. Mais pour une certaine intelligentsia, le groupe était surtout considéré comme un trio de belles gueules sans grand talent, qui faisaient des chansons sirupeuses et des mélodies préformatées sur trois accords avec un son qué-taine et sans intérêt. Pour certains critiques musicaux et pour quelques journalistes donnant moins dans le populaire, c'était le groupe à abattre, et ils se permettaient de les attaquer sévè-rement et parfois même injustement. Il suffit de penser à la fameuse entrevue de Patrick Bourgeois à *La bande des six*, à l'époque. Lors de son passage à la populaire émission, il a été mitraillé pendant de longues minutes par la redoutable Nathalie Petrowski, qui ne voyait en lui qu'un homme-objet chantant des chansons insipides.

Patrick a d'ailleurs dit, quelque temps après son passage à cette émission, que d'aller là «c'était se lancer dans l'arène avec des lions affamés, dont la lionne Petrowski qui avait les dents longues».

Il n'a pas gardé un excellent souvenir de son entrevue, mais il a préféré en rire plutôt que de se laisser atteindre par tout ça. «J'arrivais avec une bande d'intellos qui me regardaient de haut et qui essayaient de trouver le message dans les chansons des BB. Il n'y en avait pas, de message, on faisait de la musique, point. Pour ce qui est d'être un homme-objet, eh bien, ça ne me déplaisait pas, c'était un peu ça dans le fond», a dit Patrick au magazine *7 Jours*.

Aujourd'hui, certains critiques admettent y avoir été un peu fort avec Les BB, à l'époque. Nathalie Petrowski, qui a été redoutable avec Patrick à ses débuts, a cependant refusé de revenir sur son entrevue de *La bande des six,* suite à mon invitation.

> **« On dit dans votre dossier de presse que vous êtes le groupe le plus important depuis Les Sultans. Ce groupe n'a eu aucune importance : il faisait des traductions et c'était un groupe absolument nul et vous endossez ça ? »**
>
> *Nathalie Petrowski*
> *à La bande des six*
> *(Radio-Canada, 3 mars 1990).*

Marie-Christine Blais, qui était journaliste culturelle à *La Presse* pendant les années BB, a accepté de revenir sur ses propos de l'époque. Elle admet qu'elle n'a pas toujours été tendre envers Les BB, qu'elle aimait bien pourtant. Elle nous raconte, entre autres, un certain soir où elle a lynché le groupe, après le fameux spectacle du Forum. Elle y est allée si fort qu'à l'époque, Les BB et leur entourage l'accusaient d'avoir tué le groupe. Voici ce qu'elle a à dire sur le sujet.

MARIE-CHRISTINE BLAIS — Quand j'ai vu se pointer Les BB à l'époque, ça m'a fait sourire et je me souviens même d'avoir poussé un « ENFIN ! ». Mitsou et eux, c'étaient des couleurs primaires et un peu acidulées dans un fond qui était morose et gris depuis trop longtemps. Les BB, ils étaient *sharp*. Ce groupe avait un son que l'on reconnaissait à la troisième note, une signature. C'était joyeux, c'était sain et les trois gars ne se prenaient pas au sérieux. Quand ils débarquaient avec leurs coupes Longueuil, leurs chemises fleuries et leur musique pop bonbon, eh bien, ça mettait du bonheur dans la place et ça déménageait !

Ils nous ramenaient un peu à l'insouciance des années 1960 avec Les Sultans. Ça faisait du bien.

Si ma mémoire est bonne, j'ai rencontré les trois gars pour la première fois alors que je devais faire une entrevue de fond avec eux pour le compte du magazine *ELLE Québec*. C'était en plein durant la BB mania, et je me souviens que j'étais entrée dans une pharmacie et qu'il y avait des Duo-Tang, des cahiers et des étuis à crayons avec les trois belles faces des gars imprimées dessus. Les BB, c'était *hot*. Ils étaient partout à ce moment-là. Les clips étaient un outil incontournable pour eux et ils étaient comme des dieux à MusiquePlus. Ils avaient tout pour que ça marche et Patrick n'était pas seulement une belle gueule, c'était un *wiz kid*, un mélodiste imparable.

Ma première rencontre avec eux fut plus que positive. Oui, ils étaient beaux, mais aussi drôles et bons vivants. Ils aimaient faire de la musique et s'avéraient être de bons musiciens doublés de bêtes de scène. Je pense que j'ai toujours été tendre avec eux pendant la période des deux premiers albums. Entendons-nous, ils n'avaient pas la prétention de réinventer la roue ou de se prendre pour ce qu'ils n'étaient pas. Ils faisaient de la pop bonbon, mais de la bonne pop bonbon. C'était complètement assumé et c'est peut-être ça qui déplaisait à certains critiques.

Mais on dirait qu'après le troisième album, paru en 1994, tout s'est essoufflé. Les BB étaient rendus sur le pilote automatique et n'étaient devenus que de pâles copies d'eux-mêmes. Leur spectacle du 13 mai 1995 au Forum le prouvait bien, et allait venir donner des munitions aux détracteurs dont je ne faisais pourtant pas partie. Mais en sortant de l'aréna ce soir-là, je ne pouvais pas faire autrement qu'écrire ce que j'avais vu. C'était un triste spectacle, tant sur scène que dans le Forum.

Mais je n'étais pas la seule ! Le lendemain, les principaux quotidiens montréalais y sont allés de gros titres assez cruels sur le spectacle des BB. « Le temps des BB est révolu », titrait

« **Patrick était un grand musicien et un de nos plus grands mélodistes. Mais il a payé cher son succès avec Les BB ; certains le lui ont fait payer au centuple en le jugeant, en le critiquant et surtout en le privant de son vivant de la reconnaissance à laquelle il avait droit.** »

« Le troisième album du groupe est le meilleur disque, mais c'est aussi celui qui a le moins bien marché. Les BB font alors de la pop avec quelque chose de plus. Curieusement, les fans sont moins là, le côté drôle et superficiel bien assumé disparaît et ça, on ne leur pardonnera pas, je pense. »

impitoyablement *Le Devoir*. « Un Forum trop vaste pour les BB », indiquait le *Journal de Montréal*. Dans *La Presse*, au-dessus de mon texte à moi, il y avait le titre « Une soirée éprouvante pour les BB » qui était martelé noir sur blanc.

C'est certain que ça me fait de la peine quand je regarde ce titre aujourd'hui. Mais en même temps, et avec toute la sympathie que j'avais et que j'ai encore pour ce groupe, le tout est assumé. Il fallait être à cette pathétique soirée qui marquait bel et bien le début de la fin. Dès la première partie, le contact était froid entre le groupe et le public. On aurait dit que les trois gars n'avaient juste plus envie d'être là. Les musiciens jouaient faux. Les premières mesures des chansons telles que *Fais attention* et *Loulou* étaient méconnaissables tellement Patrick se trompait dans ses tonalités. Les BB, pour la première fois, n'ont pas été généreux avec leurs fans. Le chanteur, qui habituellement avait la langue bien pendue entre les chansons, ne disait presque rien. Il se contentait de déballer chanson après chanson sans vraiment laisser transparaître la moindre petite émotion. Il ne se penchait même pas pour ramasser les bouquets de fleurs que lui tendaient les fans.

Le public, qui est fidèle, mais pas dupe, sentait bien que quelque chose était brisé. Plus le spectacle avançait, plus l'engouement des fans s'éteignait. Certaines fidèles de la première heure, qui jusqu'à maintenant pardonnaient tout au groupe, sont même parties en pleurant à la fin du spectacle tellement elles étaient déçues de la triste performance de leurs idoles.

Le lendemain, oui, ma critique était vitriolique, mais ce soir-là, Patrick, François et Alain semblaient se foutre carrément de leurs fans. Ils n'ont pas livré la marchandise et c'était mon devoir de le souligner. Encore aujourd'hui, je persiste et signe. J'assume pleinement ce que j'ai écrit à l'époque.

Le jour de la publication de ma critique, j'ai reçu plusieurs appels dès la première heure. Le premier fut de Michel Gendron, l'agent du groupe, qui me menaçait de me « casser » parce qu'il

« Une soirée éprouvante avec les BB »

Titre de l'article de Marie-Christine Blais,
La Presse, *14 mai 1995*

« Le temps des BB est révolu »

Titre de l'article de Sylvain Cormier,
Le Devoir, *14 mai 1995*

« UN FORUM TROP VASTE POUR LES BB »

Le Journal de Montréal, *14 mai 1995*

n'était pas content de ma critique. Il y avait également sur mon répondeur un message de François Jean dans lequel il pleurait à chaudes larmes en me disant que ma critique était cruelle et que j'allais anéantir le groupe. J'ai aussi eu un appel de Michel Girouard, qui avait alors une tribune à la radio. Si je me souviens bien, Les BB étaient en studio avec lui, et l'animateur cherchait alors à me confronter sur mes impressions face au spectacle.

Je n'ai pas voulu tomber dans ce piège. Je pensais chacun des mots de mon texte et je ne jugeais pas avoir été particulière-ment sévère. Dans la section où j'étais au Forum, plusieurs des chums des BB se levaient et partaient pendant le spectacle tel-lement c'était triste à voir! Je pense que le groupe était le seul responsable de son malheur et le seul à blâmer concernant sa piètre performance. En même temps, je continue de croire qu'à cette époque, Les BB eux-mêmes étaient tannés d'être des BB. Ils avaient peut-être envie de faire autre chose, de se faire en-tendre d'un public différent.

Ce que je retiens surtout, c'est que ces gars-là ont fait de la bonne pop. Ce groupe, c'était une machine à succès. Oui, c'était léger, mais ça sonnait comme de la dynamite. Avec le temps, l'héritage des BB est marquant. Ils ont redonné au Québec le droit d'être joyeux en musique. Ils nous ont fait danser et oublier le climat qui régnait après la crise du pétrole et la déprime post-référendaire. C'était un vent positif qui, en plein cœur des années sida, nous faisait chanter simplement «Pourquoi t'a salé ton café?».

> **« Dix ans après ma critique, j'ai croisé François Jean. Il s'est approché de moi et il m'a glissé à l'oreille que j'avais raison, qu'ils n'avaient pas été à la hauteur ce soir-là. »**

Sa chanson préférée des BB : *Seul au combat...* «Que j'appelle *Chevalier solitaire*, comme tout le monde. C'est un des plus étranges textes des BB, qui fait rimer millénaire et effet de serre, mais aussi celui qui est le plus touchant de leur répertoire – et plus pertinent aujourd'hui qu'à l'époque. Et la mélodie à la fois triste et juvénile me bouleverse toujours un peu. »

raconté par...

CLAUDE
RAJOTTE

QUAND UN REDOUTABLE CRITIQUE
AIME LES BB

« La première fois que j'ai rencontré Patrick, il était si jeune ! C'était à CHOM et j'étais consultant dans un studio pour le groupe The Wipers. Il y faisait de la musique new wave et c'était intéressant. Mais comme plusieurs *bands*, ils n'ont pas fait leur chemin. »

Durant les belles années de MusiquePlus, Claude Rajotte était un VJ redoutable. Contrairement à ses comparses de la station, il ne se contentait pas de présenter des clips ou des nouvelles reliées au monde de la musique, il critiquait aussi les albums, parfois durement. Au fil des années, il a démoli des CD à coups de marteau, a brûlé un disque et en a passé un autre dans un broyeur ! La galette qui ne charmait pas son oreille aiguisée ne pouvait éviter l'abattoir. Bien qu'il existe sur le Web des images de Claude Rajotte en train de démolir le premier disque des BB à coups de fer à repasser ou faisant cuire le deuxième sur le BBQ, il s'agirait en fait de canulars pour les besoins d'une émission...

CLAUDE RAJOTTE — Ça va paraître drôle pour certains, mais j'ai toujours aimé Les BB et je n'ai jamais rien eu contre eux. Ils faisaient de la bonne pop, et je pense même que c'est le meilleur

Claude Rajotte, à l'époque des belles années de MusiquePlus, était un critique redoutable.

« Un jour, Claude Rajotte a complètement détruit mon premier disque solo à son émission. Ça m'a fait mal. »

Patrick Bourgeois dans le cadre de la Musicographie *sur Les BB à MusiquePlus.*

groupe pop rock que l'on a eu au Québec ! Leurs chansons s'écoutaient bien et il n'y avait aucune prétention dans tout ça. Les BB ne se prenaient pas au sérieux et assumaient le côté populaire et bonbon de leur musique. C'est un style souvent critiqué, c'est comme ça. Mais je pense que ce groupe a produit trois bons albums, et que c'est après que ç'a mal tourné pour eux.

En revanche, les albums solo de Patrick étaient mous, beaucoup moins solides. Il est fort possible que j'aie passé ceux-ci dans le tordeur à un moment donné. Probablement celui de François Jean également. Mais en même temps, il faut être honnête. Ces gars-là ont été populaires, mais à un moment donné, ça ne marchait plus, c'était moins bon. En solo, ce n'était plus ça. Les albums de Patrick auraient pu être meilleurs, mais ç'a été des échecs. Ça s'explique mal parce que ce gars-là était un grand mélodiste et il aurait pu avoir une magnifique carrière solo. Mais ça n'est juste pas arrivé. Est-ce parce qu'il n'a jamais réussi à trouver un son bien à lui en solo ? Parce qu'il n'a jamais réussi à se dissocier de son image des BB ?

Chose certaine, il a laissé une grande marque dans la musique pop rock avec Les BB, parce que ce que ce groupe faisait cent fois mieux que ce qu'ont fait la plupart des *boys band* de ce monde. Il y avait de la diversité dans leur musique et ils ont fait les meilleurs microsillons de ces années-là. Ça s'écoute bien encore aujourd'hui. Comme quoi la simplicité est parfois efficace.

Sa chanson préférée des BB : « Je dirais que *Fais attention* et *Seul au combat* sont les deux chansons par excellence du groupe. »

raconté par...

NICK
CARBONE

LA FIN DES BB

Celui qui fut l'un des piliers du succès des BB a quitté l'aventure juste avant le troisième album afin de lancer sa propre compagnie de disques et de s'occuper, entre autres, de France D'Amour. Mais ce bonze de l'industrie a continué de suivre d'un œil intéressé la carrière de ceux qu'il avait lancés quelques années plus tôt. Il nous dit en toute franchise ce qu'il pense de la carrière des BB après son départ.

NICK CARBONE — J'aurais vu une belle carrière en anglais pour Les BB, mais je pense que leur équipe n'a pas eu cette vision et cette ambition-là pour eux. Chose certaine, le potentiel était là, et la voix de Patrick, c'était de la dynamite en anglais. Il chantait parfaitement dans cette langue et sans le moindre accent. Il aurait suffi d'une bonne chanson qui fasse son chemin pour que ça marche pour eux aux États-Unis. Leur compagnie de disques ne semble pas avoir travaillé très fort sur ce dossier, et c'est dommage.

Les BB auraient pu avoir une belle carrière en France également, mais je pense que, dans ce cas-ci, c'était une question de *timing*. Ce type de groupe n'était pas très demandé à l'époque et leurs tentatives ont été des coups d'épée dans l'eau. Il faut travailler fort pour conquérir le public français, et pratiquement s'installer là-bas. Je ne pense pas que les trois gars aient eu cette envie et cette ambition. En même temps, tout marchait si bien pour eux au Québec, pourquoi négliger ça?

Avec tout ce potentiel pour mener des carrières internationales, ça m'a fait mal de voir que tout s'écroulait après le troisième album. Mais souvent, après un bloc de cinq ans et de trois albums, il n'est pas rare que les choses commencent à tourner moins rond et que les fans se désintéressent de plus en plus de ceux qu'ils vénéraient encore il n'y a pas si longtemps. C'est une roue qui tourne. Je pense qu'on a peut-être voulu, à cette époque, presser un peu trop le citron, trop rapidement.

Les critiques ont aussi une grande part de responsabilité dans la chute du groupe. Dès le début, on disait des trois gars que c'étaient de simples chanteurs pop avec peu de vocabulaire. On trouvait des artistes comme Mitsou et Les BB un peu cuculs, mais pourtant, on acceptait très bien au Québec des artistes américains qui faisaient une musique pop similaire. Les médias ont été durs envers les artistes d'ici.

Par ailleurs, un groupe établi et qui dure sépare habituellement tout en parts égales entre ses membres. Je ne pense pas que c'était le cas avec Les BB et ç'a assurément collaboré à la cassure du groupe. Je crois que l'argent et la popularité n'ont pas été bien contrôlés. Le fun a pris le dessus.

Ç'a été difficile de voir la fin des BB. J'aurais aimé les aider et retravailler avec eux. Mais en même temps, le trait était tiré pour moi, c'était trop tard. J'ai continué de suivre leur carrière de près. J'ai été déçu quand les albums solo de Patrick ont échoué, ç'a été un dur constat. Il ne méritait pas ça. Je crois qu'il a été mal conseillé. Mais le pire, c'est quand j'ai vu Patrick animer un jeu-questionnaire ! Je regardais ça et je me disais : « *What the fuck is that ?* »

Les BB avaient un son et il aurait fallu que le groupe reste fidèle à ça. Quand ils sont arrivés avec leur nouvel album *Univers* en 2011, habillés tout en blanc, je capotais. Ils sont allés exactement là où il ne fallait pas, autant musicalement qu'avec leur image. On aurait dit une parodie des Classels. J'aurais tellement aimé que ça se passe autrement pour eux.

Mais avoir travaillé avec Les BB est probablement la chose dont je suis le plus fier. Je ne vais jamais oublier ces trois gars-là et ils ont fait d'excellentes chansons qui roulent encore en boucle aujourd'hui. Comme quoi, ils ont laissé leur trace et c'est bien mérité. Moi, j'ai été chanceux de tomber sur ces artistes-là.

Peu de temps avant sa mort, Patrick Bourgeois a demandé à son agent et ami Mario Lefebvre de contacter Nick Carbone afin de le remercier en son nom pour tout ce qu'il avait fait pour lui et pour sa carrière. « J'ai 65 ans et c'est la première fois qu'un artiste prend le temps de me remercier. J'ai tellement pleuré après ce coup de téléphone. Ça m'a beaucoup ému. Ce *kid*-là, il est parti beaucoup trop jeune et c'est injuste. C'était un *happy-go-lucky* et il va me manquer. »

raconté par...

JOSÉ
AUMAIS

DE DURS LENDEMAINS

En février 1996, les journaux affichaient en grosses lettres les titres «Les BB : Séparation», «Les BB se séparent», «Les BB, c'est fini», «La BB mania est morte». La rumeur qui courait depuis quelque temps se comfirmait. Même s'ils étaient en bons termes, Patrick, François et Alain voulaient entreprendre des carrières solo.

À ce moment-là, Patrick, encore plus que les deux autres, avait envie de tirer un trait sur Les BB et de faire des projets de son côté. Il faut dire que le chanteur en avait marre des critiques qui s'amusaient à lui casser du sucre sur le dos depuis les débuts du groupe, et qui étaient encore pires depuis la parution de 3, le troisième album des BB sur lequel plusieurs tiraient à boulets rouges. Un journaliste avait même qualifié Patrick Bourgeois d'«autre star déchue à classer dans les babioles de la pop». Pourtant, le chanteur comptait bien prouver qu'il était là pour rester et qu'il pouvait mener une belle carrière tout en se dissociant du groupe.

« **Avec le recul, mon premier disque solo a été en quelque sorte un album de thérapie. J'avais besoin de faire des mises au point et finalement est sorti de tout ça un album un peu nostalgique.** »

*Patrick Bourgeois,
dans le magazine* 7 *jours.*

Hélas, la vie après Les BB ne sera pas celle à laquelle Patrick s'attendait. Sa carrière solo ne prendra jamais pleinement son envol et *Patrick Bourgeois,* son premier effort en ce sens paru en novembre 1998, passera inaperçu...

JOSÉ AUMAIS — Après la séparation des BB, Patrick a ressenti un grand vide même s'il désirait cet arrêt. Il avait vécu dans un tourbillon tellement intense qu'il a trouvé pénible que son agenda se vide du jour au lendemain. Il a fait quelques projets dans l'ombre, dont le disque *Jigger Noël,* de Madame Jigger, avec Stéphane Rousseau, la bande sonore du film *Karmina,* avec Yves P. Pelletier, et un projet avec Les Grandes Gueules. Il adorait faire ça, mais il lui manquait quelque chose. Quand on est une grande star et que tout à coup on se retrouve à l'arrière-plan, ça laisse un trou béant.

Ce vide, Patrick pensait le combler avec son premier disque solo. Trois ans après avoir tourné la dernière page des BB, il voulait revenir avec un son différent, un son bien à lui. Il a travaillé sur ce projet pendant un an. Robert Léger, auparavant membre du groupe Beau Dommage, lui a écrit six chansons sur dix. Patrick était fier de ce disque qui lui ressemblait. Mais finalement, il est passé complètement dans le beurre. Les chansons n'ont presque pas tourné dans les radios, les fans n'ont pas acheté l'album.

La petite famille
au lancement
de l'album éponyme de
Patrick Bourgeois.

Après cet échec, il s'est senti abandonné. Pour lui, tout tombait du jour au lendemain. Il ne voulait plus rien savoir de la musique et il n'avait plus de fun à jouer l'homme-objet. Il n'avait plus la flamme et ç'a été dur pour lui. Il avait l'impression que, malgré la musique, le monde ne voyait que le beau gars en lui.

Il passait tout son temps enfermé dans la maison. Il ne sortait presque plus. Il préparait à manger, il faisait quelques projets de construction dans la maison, mais il ne voyait plus personne. Il a fait une grosse dépression. Il avait perdu beaucoup d'argent avec son disque solo et plus rien ne fonctionnait. Il n'avait plus un sou et il ne savait plus quoi faire de ses dix doigts. J'essayais d'être là pour lui, pour les enfants et pour notre vie de famille. Mais c'était devenu si difficile. Au début des années 2000, on s'est finalement laissés.

« Quand on a fait partie d'un groupe culte, c'est difficile de sortir du carcan. Ça m'a fait quelque chose de ne pas avoir une belle carrière solo et ça m'a fait perdre confiance en moi. Cette confiance, je ne l'ai pas eue pendant des années et c'est en recommençant à faire de la musique avec Les Porn Flakes, en tournée un peu partout, que la flamme a fini par renaître. »

Patrick Bourgeois,
dans le magazine 7 jours.

La pochette du premier disque solo de Patrick paru le 20 octobre 1998.

PATRICK BOURGEOIS

raconté par...

PIERRE SÉGUIN et LOUISE COUSINEAU

FA SI LA CHANTER ET *LA PETITE VIE*

Pierre Séguin était le réalisateur des deux projets télévisuels auxquels Patrick Bourgeois a pris part au milieu des années 1990. Il se souvient que l'animation du jeu-questionnaire *Fa si la chanter* n'a pas été facile pour Patrick. L'ex-leader des BB a eu en revanche beaucoup plus de plaisir lorsqu'il s'est retrouvé sur le ludique plateau de *La Petite Vie*, dans lequel il jouait un révérend et amant du personnage de Thérèse. C'était dans le neuvième épisode de la deuxième saison. L'épisode avait pour titre *L'aventure de Réjean*.

PIERRE SÉGUIN — Ma première rencontre avec Patrick Bourgeois a eu lieu à Laval, à la fin des années 1980. Dans ce temps-là, on faisait des captations de performances *live* dans les discothèques pour TVA. Ça se passait durant l'après-midi, dans des discothèques sans alcool, car le public était composé majoritairement de jeunes filles de 15 ans. Je me souviens que ça avait été tout un défi de filmer parmi les quelques centaines de jeunes filles hystériques venues voir Les BB performer.

« Un animateur qui demande de bonnes réponses ne devrait jamais donner des renseignements erronés. Surtout à une émission qui passe à une chaîne sérieuse comme Radio-Canada. »

Louise Cousineau,
La Presse, 19 octobre 1996.

Patrick avait été plus que généreux et professionnel : il était drôle et sympathique, c'était évident qu'il était le leader de ce groupe. Il était l'âme musicale des BB, sans nul doute.

Plus tard, je faisais du montage dans une boîte de production et je me suis retrouvé à monter le clip de *Fais attention* des BB. Patrick passait le soir dans le studio pour voir le résultat. Il s'intéressait à tout ce qui touchait le groupe et il ne laissait rien au hasard. Il était conscient de son image et de l'image des BB. Il était cependant à l'écoute des gens qui étaient à son service. Il donnait son avis, mais il écoutait.

J'allais ensuite recroiser le chemin de Patrick en 1996, alors que nous cherchions un animateur pour un nouveau jeu-questionnaire à Radio-Canada. Nous étions en réunion chez Coscient, qui produisait cette émission à l'époque. On lançait plein de noms de candidats potentiels et, à un moment donné, quelqu'un a dit « Patrick Bourgeois ». Comme ce jeu portait sur la musique, on s'est dit que l'idée n'était pas bête du tout. On l'a donc contacté et il est venu à une première rencontre. Il trouvait bien étrange que l'on pense à lui et il avait un peu raison. Mais Patrick avait la réputation du gars toujours agréable à côtoyer et le public l'adorait. On a décidé de tâter le terrain et de le mettre dans le rôle d'un animateur. Sauf que dans sa tête à lui, c'était une chose de se rappeler les paroles des chansons, qu'il assimilait facilement, mais plus ardu de se souvenir des règlements du jeu, de les expliquer clairement et de se rappeler le pointage ! Il devait aussi suivre un « *timing* précis », en fonction des exigences du régisseur de plateau. Ça faisait beaucoup, car l'animation est un métier en soi.

Heureusement, Patrick ne se prenait pas au sérieux. On travaillait fort et on riait aussi beaucoup. On essayait ensemble de trouver des solutions pour rendre tout ça plus facile pour lui. Quand Patrick faisait une erreur, il se reprenait et il riait de lui-même en ondes. On ne pouvait pas arrêter parce qu'on enregistrait *live to tape*, c'est-à-dire dans les conditions du direct. Dans un *quiz*, tu ne peux pas recommencer. On avait essayé de lui faire porter une

« *Fa si la chanter*, c'est la partie rebelle de ma vie. J'ai revu l'émission l'autre jour. *Oh boy !...* Animer ça, c'était un beau défi payant. Mais c'est comme si on demandait à Jim Morrison d'animer *The Price is Right* ! »

Patrick Bourgeois dans sa Musicographie *à MusiquePlus*.

oreillette et ça le mélangeait encore plus. On lui faisait beaucoup de *cue cards*.

Patrick me faisait penser à l'animateur Jacques Boulanger, dans les années 1970. Celui-ci avait toujours besoin de cartons, il oubliait souvent le nom de ses invités ou leur attribuait le mauvais nom, il ne regardait pas la bonne caméra... Il était un peu maladroit dans son animation, mais il était tout de même populaire parce que les gens l'aimaient. Tout comme Patrick Bourgeois, vingt ans plus tard. Souvent, les beaux, on leur pardonne plus d'affaires !

Je me souviens aussi qu'au début, quand il a vu l'ampleur de la tâche lors des deux ou trois premières émissions, il a douté. Après la première séance d'enregistrement, il trouvait que ça allait vite et il n'était plus sûr d'être l'homme de la situation. Il avait le potentiel, mais il avait été lancé là-dedans comme un chien dans un jeu de quilles. Ça va vite des fois, la télévision ! Mais avec Patrick, les périodes de découragement ne duraient jamais longtemps. Il se ressaisissait et il était prêt à continuer. *Fa si la chanter*, c'était peut-être une émission facile à chanter, mais pas à animer. Dans l'équipe, pourtant, on n'a jamais regretté notre choix. Patrick était le gars pour faire ça !

Mais à un certain moment, il en a eu assez. Une année, on s'était moqué de lui dans le cadre du *Bye bye,* et il avait trouvé ça dur. Et puis Louise Cousineau, de *La Presse,* le critiquait et varlopait l'émission plus souvent qu'à son tour. Je pense qu'elle a été pour beaucoup dans la décision de retirer l'émission après une saison. Disons que quand elle n'aimait pas quelque chose, elle ne lâchait pas le morceau !

L'idée d'amener Patrick dans l'univers de *La Petite Vie* est celle de Claude Meunier. Il aimait bien inviter des vedettes à venir jouer un personnage épisodique, de temps en temps. Céline Dion est venue le faire, Richard Séguin aussi. Un jour, il nous fallait un comédien pour jouer le personnage du prêtre. On voulait un super beau gars, puisque Thérèse (Diane Lavallée) devait rendre Réjean (Marc Messier) jaloux. Patrick était tout désigné pour ça. Il était un peu l'objet de vengeance de Thérèse face à Réjean, puisque celui-ci l'avait trompée avec une députée (Francine Ruel)!

Patrick n'était pas habitué à jouer la comédie. Le concept de *La Petite Vie* était un plateau devant public. On enregistrait donc chaque épisode deux fois et il fallait être raccord puisque je pigeais dans les deux au moment du montage pour que ce soit le meilleur possible. Je me rappelle que Patrick était très nerveux, même si son caméo n'était pas très long. Dans une partie de la scène, il avait une guitare et il chantait la pomme à Thérèse. Réjean arrivait et il prenait Patrick sur le fait en train de séduire son épouse. Patrick devait alors dire «Les nerfs, pompon!», mais il avait de la misère à trouver le bon ton. Il était trop sérieux. Claude aimait beaucoup les contre-emplois et Patrick Bourgeois en prêtre, c'était tout un contre-emploi!

Je me rappelle que lors du premier enregistrement, lorsque Patrick est arrivé dans le décor, il a vraiment été surpris par la réaction du public. Il faut dire qu'on cachait toujours les caméos pour garder l'effet de surprise. Mais la réaction du public, cette fois-là, a été beaucoup trop longue pour le temps de l'enregistrement, et Patrick a eu le réflexe, comme il le fait en spectacle, d'attendre la fin des applaudissements avant de parler plutôt que d'enchaîner et de dire sa ligne!

« **N'importe quel autre *quiz* serait meilleur que cette nullité de *Fa si la chanter.***»

Louise Cousineau,
La Presse, 1ᵉʳ février 1997.

Sa chanson préférée des BB: «Pour moi, *Fais attention* est une excellente chanson pop entraînante. Pour le côté tendre, je dirais que *Donne-moi ma chance* est dure à battre. »

« **Patrick aimait beaucoup ça, faire de la télé, et on a essayé de se trouver des projets pour travailler ensemble par la suite. Mais on n'a pas pu le faire. Patrick était un être immensément sympathique et il n'était pas conscient de sa popularité. Il était toujours super simple et facile d'approche. Il n'a jamais eu la grosse tête.** »

raconté par...
GILDOR ROY

QUAND PATRICK BOURGEOIS FAIT DU THÉÂTRE

Peu de gens le savent ou s'en souviennent, mais Patrick a déjà fait du théâtre avec Robert Lepage, dans la pièce *Jean-Sans-Nom*, une adaptation d'une œuvre de Jules Verne. Gildor Roy, qui partageait la scène avec Patrick, nous raconte.

GILDOR ROY — Le spectacle était basé sur *Famille-Sans-Nom* de Jules Verne, un roman qui met en vedette les Patriotes de 1837-1838. On a joué ça à Nantes, la ville natale de l'auteur, en 2000. Lepage avait fait une pièce de théâtre en «trois dimensions» pas mal flyée. Il y avait trois paliers et des projections en avant de nous. Les gens dans la salle avaient tous des lunettes 3D. C'était complètement fou comme projet! Je me souviens que c'était Robert Charlebois qui faisait Jules Verne. Patrick, lui, était excellent dans son rôle de patriote.

C'était un chic garçon. Il était toujours de bonne humeur et souriant, et il avait un grand plaisir à être sur scène. Il avait un don pour le jeu, il m'avait vraiment impressionné ! Ensuite, on a aussi fait de la musique ensemble. Un jour, il m'a envoyé un CD avec vingt riffs de guitare dessus en me demandant d'en choisir un à partir duquel faire une chanson. C'est ainsi qu'il m'a offert *Fais un homme de toi*. J'aime particulièrement cette chanson qu'on a composée ensemble.

En 1996, il a aussi composé la musique du film *Karmina* dans lequel je tiens un rôle. À un moment dans le film, il y a une danse en ligne où c'est lui qui chante. Il m'imite ! Le plus drôle, c'est qu'il le fait tellement bien que tout le monde pense que c'est moi qui chante. Il arrivait à faire ma voix de façon étonnante. Même moi, quand j'ai entendu ça, je pensais que c'était moi, mais que je n'avais jamais enregistré ça !

Je n'ai pas recroisé souvent Patrick par la suite, mais je garde le souvenir d'un gars drôle et fort talentueux. Il aurait pu aussi gagner sa vie dans l'humour sans problème. C'était naturel chez lui de faire rire les gens.

raconté par...
STÉPHANE ROUSSEAU

UNE AMITIÉ QUI NAÎT PAR MADAME JIGGER

En 1996, Stéphane Rousseau cherchait à enregistrer de bonnes chansons pour son personnage de Madame Jigger, dans le but de produire un disque. C'est Guy A. Lepage qui a fortement recommandé à Stéphane de contacter Patrick Bourgeois. Résultat: les deux hommes se sont retrouvés dans le studio de Patrick, à Rosemère, à fabriquer l'album *Jigger Noël*.

« Quand venait le temps de donner une voix à Madame Jigger, Patrick était tellement bon que je ne pouvais pas distinguer ma voix de la sienne sur les enregistrements. Il aurait pu me remplacer n'importe quand en cas d'extinction de voix. »

Patrick pose en compagnie de Madame Jigger au lancement de l'album *Jigger Noël*.

Patrick montre son premier album solo à son grand ami Stéphane Rousseau.

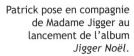

STÉPHANE ROUSSEAU — Patrick et moi, ç'a vraiment cliqué vite et on est devenus de bons chums. Je passais mes journées chez lui à faire de la musique, et parfois, on lâchait tout pour aller se rafraîchir dans sa piscine. D'autres fois, il nous faisait de bonnes bouffes. On avait un fun fou ensemble, c'était un gars rieur et drôle. On se relançait tout le temps l'un l'autre, et on aurait pu faire un duo d'humour sans problème, tous les deux. Patrick était un gars vif d'esprit et intelligent, et il avait une assurance en ses moyens que je lui enviais. Je n'ai jamais eu cette confiance en moi. Je l'admirais pour ça. Il savait tout le temps où il s'en allait et il ne semblait jamais douter de rien.

On a travaillé sur le disque de Noël de Madame Jigger jour et nuit. Patrick a coréalisé l'album avec moi et il y joue de tous les instruments, en plus de faire les arrangements et de chanter avec Madame Jigger. Sérieusement, sans lui, je n'aurais jamais réussi à faire ce disque. On a repris certains classiques de Noël à la sauce humoristique et également des rigodons et des cantiques. Patrick a aussi ajouté un petit côté rock au disque qui est vraiment bien fait. Là où on s'est trompés, par contre, c'est qu'on a suivi la mauvaise idée de mon agent de l'époque qui voulait qu'on produise des sketchs entre les chansons. On a donc improvisé tout ça, trop rapidement, on a fait un gros party chez Pat et on a enregistré l'ambiance. Ç'a été une fausse bonne idée qui a nui au disque. Celui-ci n'a pas eu le succès escompté, mais j'ai eu tellement de plaisir à le faire avec l'ami Patrick !

Notre amitié s'est poursuivie après le projet. On aimait beaucoup voyager ensemble et on est allés à quelques reprises aux îles Turquoises et dans des Club Med. Chaque voyage était de la pure folie tellement on riait comme des fous. Malheureusement, on s'est perdus de vue par la suite. Notre amitié ne s'est pas étirée sur une longue période, mais elle a été marquante.

Je ne pensais pas qu'il était aussi malade, alors j'ai été sidéré en apprenant la nouvelle de sa mort. Dernièrement, son fils Ludovick est venu à mon émission et ça m'a fait un choc. Il lui ressemble tellement ! Il m'a rappelé le Patrick Bourgeois qui était passé en studio alors que j'étais animateur de radio à Magog, à la fin des années 1980. Je me souviens de l'avoir vu débarquer avec son jeans troué, sa chemise fleurie, son froc de cuir et ses effluves de laque pour cheveux qui le suivaient dans le studio. Il avait tout un look. Bon, Ludo n'a pas le même look que son père, mais il a la même gueule, la même énergie, la même voix. Ça m'a beaucoup ému de le voir chanter une chanson de son père en studio.

Je pense souvent à Patrick. Je m'en veux un peu de ne pas lui avoir reparlé, de ne pas l'avoir revu avant son décès.

Sa chanson préférée des BB : *Tu ne sauras jamais*. « Elle est belle mélodiquement et c'est une incontournable. »

Patrick et Stéphane partageaient une même passion pour la pêche.

raconté par...

NELSON MINVILLE

ÊTRE LE « POWÈTE » DE PATRICK

Nelson Minville, c'est le gars derrière la chanson *Les bras de Satan,* qui a été un grand succès radio en 1990. Après trois albums, l'auteur-compositeur-interprète a décidé de ranger son micro et de mettre sa plume au service de différents interprètes. Patrick Bourgeois est l'un des premiers à lui avoir fait confiance. Les deux hommes ont travaillé de nombreuses fois ensemble, tant pour le deuxième projet solo de Patrick (*Inexploré*) que pour les albums « retour » des BB (*Bonheur facile* et *Univers*). Patrick disait de son précieux collaborateur : « Quand on se retrouve dans un même studio, la peinture décape de sur les murs ! »

NELSON MINVILLE — J'ai rencontré Patrick pour la première fois dans les coulisses du *Téléthon Opération Enfant Soleil,* en 1990. Les BB étaient alors au sommet de leur gloire. Moi, j'arrivais dans le paysage musical et on m'avait demandé de remplacer Mario Pelchat au pied levé. Il ne pouvait pas se présenter au

numéro final dans lequel Les BB, Marie Denise Pelletier, Joe Bocan et Martine St-Clair chantaient *Les yeux du cœur*, en hommage à Gerry Boulet. J'étais sur la scène, juste à côté de Patrick, et pour moi, c'était vraiment impressionnant.

Peu de temps avant, j'étais allé voir Les BB sur les plaines d'Abraham. J'étais étudiant à Québec à ce moment-là et c'est ma blonde qui m'avait amené voir le *show*. J'avais adoré ça. J'avais accroché sur le son de *snare* bien particulier au groupe. Je n'avais jamais entendu ça avant. Je ne pensais vraiment pas me retrouver sur scène avec le leader de la formation peu de temps après !

Plus tard, j'ai croisé Patrick sur le boulevard Saint-Laurent. Il était à bord d'une rutilante Jeep noire d'où il s'était sorti la tête par le toit avant de crier : « Hé, Minville ! » Je n'en revenais pas qu'il me reconnaisse. J'avais un bon hit à la radio (*Les bras de Satan*), mais me faire reconnaître par Patrick Bourgeois, c'était WOW !

On s'est revus par la suite ici et là sur les plateaux de télévision et dans les lancements d'albums. C'était toujours un plaisir de le rencontrer. Un jour, à la fin des années 1990, il m'a passé un coup de fil...

« Tous les chanteurs veulent qu'on les reconnaisse dès les premiers mots. Quand Éric Lapointe chante, on le reconnaît. Quand Francis Cabrel chante, on sait que c'est lui. Patrick Bourgeois, c'était comme ça. Il avait une singularité vocale. Il chantait super haut. Il avait un beau timbre de voix, et cette voix lui a permis de devenir le mélodiste qu'il est devenu. Son étendue vocale était immense. »

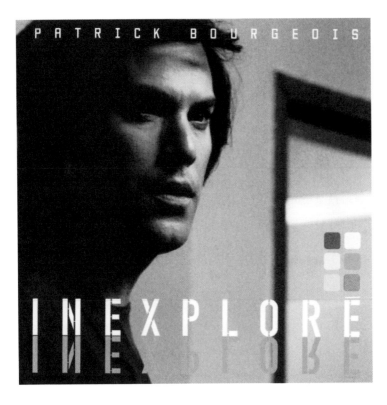

« Tout l'album *Bonheur facile* a été produit dans le garage de la maison de Patrick, à Sainte-Thérèse. Patrick a fait ce disque parce qu'il voulait ramener ses chums Alain et François avec lui. Ils sont restés dans ce garage-là des mois et des mois. Le disque était folk, et malheureusement, c'était trop éloigné du son des BB. Les fans n'étaient pas prêts à ça. Mais ç'a été une belle aventure de faire ce disque-là. La chanson *Je monte avec toi* est ma préférée de l'album. »

À ce moment-là, Les BB, c'était terminé et il voulait faire un deuxième album solo. Un album qui allait avoir pour titre *Inexploré*, et qui fut justement un album d'exploration. C'est en travaillant sur ce disque qu'on s'est connus davantage. Je me souviens qu'à l'époque, on s'envoyait des paroles de chansons, des idées, des partitions par télécopieur. J'ai écrit l'album presque en entier pour lui. Il créait des musiques et je lui faisais des textes. Boris Bergman, qui était parolier pour Alain Bashung, a aussi écrit deux textes sur l'album. Il venait me porter des cassettes avec des maquettes.

À cette époque, j'avais décidé de mettre le chanteur que j'étais de côté et d'écrire surtout pour les autres. Je n'étais pas un parolier très connu et Patrick a vraiment été l'un des premiers (avec Laurence Jalbert) à me faire confiance. C'est un peu grâce

L'une des deux pochettes de l'album *Inexploré*, celle de l'édition spéciale parue quelques mois plus tard et qui comprend une reprise de la chanson *Love Me* (*Please Love Me*).

à lui si je fais ce métier aujourd'hui. Après *Inexploré*, j'ai aussi travaillé sur le disque du premier retour des BB, *Bonheur facile*, un album qui est malheureusement tombé dans la craque du divan.

Ce qui est étonnant, quand j'y repense, c'est que les albums solo de Patrick tout comme les disques qui ont marqué le retour des BB ont complètement sombré dans l'oubli. Je crois que le *buzz* était complètement passé et que les gens n'étaient pas encore prêts à un courant nostalgique. Pourtant, il y avait plusieurs hits sur chacun des albums. Je me souviens, entre autres, de la chanson *L'homme invisible* sur le disque *Inexploré*. Ça sonnait bien, c'était bon, ça avait le potentiel pour percer. Patrick me donnait une liberté totale quand on travaillait ensemble. Il m'appelait Le Powète (oui, avec un *w*), et quand je lui envoyais des textes un peu trop fleur bleue, il me disait : « Eille, le powète, reviens dans un univers plus pop ! »

Parfois, il me suggérait des mots précis : « Hé, Nelson, j'aime le mot "amazone", mets-moi donc ça dans une chanson... » C'était de beaux défis, et il me faisait entièrement confiance là-dedans. Patrick ne cherchait pas à être un poète, il voulait être une star de la pop et il l'était. Il ne voulait pas écrire des chansons à message pour sauver le monde ou pour dire aux gens pour qui voter. Il voulait une espèce de légèreté qui était assumée. On a fait de la bonne musique ensemble, mais malheureusement, ça ne rejoignait pas le public. À un moment donné, Patrick a même fait un *cover* de la chanson *Love Me (Please Love Me)* qui a été ajouté sur le disque en espérant en vendre un peu plus. Il a tout essayé pour que ça marche. C'était décevant pour lui, compte tenu du temps, de l'énergie et de l'argent qu'il avait mis dans ce projet. Mais ce n'était pas son genre de s'apitoyer sur son sort. Patrick, il n'avait peur de rien... Il fonçait.

Ce qui me fascinait chez lui, c'est que même après l'échec commercial d'un disque, il se retroussait les manches, se revirait de bord et faisait autre chose. Il avait une grande résilience et il était toujours sur un projet. C'était une comète que tu avais envie de suivre partout. Parfois, j'étais de longs moments sans travailler avec lui. Puis je recevais un message dans lequel il me disait : « J'ai un projet, je te rappelle. »

En 2012, il m'a appelé pour que je l'aide à écrire des chansons pour le disque *Univers*. On se voyait dans le studio de Fred St-Gelais. Il voulait écrire ses propres textes, mais que je jette un œil dessus. Pour ce disque, on a aussi écrit une chanson ensemble qui a pour titre *Tant que tournera le monde*.

C'est une des plus belles chansons que j'ai écrites. Elle est touchante et je l'aime. C'est un texte qui parle de ce qui restera quand on ne sera plus là. La chanson a pris un tout autre sens récemment et je l'ai écoutée en boucle après le décès de Patrick. J'en suis très fier, elle me fait monter les larmes aux yeux depuis le départ de mon ami.

J'ai trois ou quatre chansons de Patrick qu'il a enregistrées alors qu'il faisait l'album de Ludovick. Il était malade à l'époque. Sa voix est un peu faible. Je me suis dit qu'on allait faire quelque chose avec ça ensemble plus tard. Mais on n'en a pas eu le temps. Je n'aurais jamais imaginé qu'il partirait aussi vite. Je croyais sincèrement qu'il allait s'en sortir. Mais quand j'ai vu qu'il était absent au lancement de Ludovick en novembre, j'ai compris qu'il nous quittait.

Sa chanson préférée des BB : « J'aime beaucoup *Tu ne sauras jamais*, c'est une chanson accomplie, mais *Parfums du passé* est ma préférée. Le clip était inventif, la mélodie est magnifique. Je pense aussi que *T'es dans la lune* n'a pas le respect auquel elle a droit. C'est une autre grande chanson qui va bien au-delà du "pourquoi t'as salé ton café ?". »

« Patrick, dans son talent, c'était un Beatles. C'était un mélodiste comme Paul McCartney. Mais dans l'attitude, dans le plaisir de jouer de la musique, c'était un Rolling Stone. »

Un matin, alors que l'album *Inexploré* était presque terminé, Patrick a appelé son complice : « Allô Nelson, je suis en studio avec Aldo Nova depuis ce matin et on jamme pour le fun sur une toune. C'est notre dernier jour d'enregistrement et on veut que la chanson soit sur le disque. Il nous faut des paroles. » Nelson Minville a écouté le riff, il a compté le nombre de pieds et s'est mis à écrire. Il fallait que les syllabes et les toniques fonctionnent. Il lui fallait trois couplets.

Après le dîner, il a envoyé un fax avec les paroles de la chanson à Patrick et lui a chanté l'air du refrain. Dans le temps de le dire, la chanson *Cliché* était née. « C'est une chanson que j'aimerais réécrire aujourd'hui. Ça ressemble à un hit à la Rolling Stones, ça raconte l'histoire d'une top-modèle qui défile sur un podium et qui se sauve dans une voiture. Elle porte du Rabanne et du Ray-Ban », ajoute-t-il.

raconté par...
MÉLANIE SAVARD

TOMBER EN AMOUR
AVEC UN ANCIEN BB

En avril 2001, Patrick était à Québec afin de faire la promotion de son deuxième album solo, *Inexploré*. Il était célibataire depuis peu et, un jour, en entrant dans un café, il a été frappé par la flèche de Cupidon. C'est là que l'attendait la nouvelle femme de sa vie, qui lisait tranquillement son journal. Mélanie allait devenir sa femme et la mère de Marie-William, le troisième enfant de Patrick.

« À l'époque de la BB mania, je n'étais pas une fan... J'aimais plutôt les groupes alternatifs comme The Cure, Depeche Mode et les B-52's. Ce n'est que beaucoup plus tard que j'ai réalisé l'ampleur du phénomène Les BB. »

MÉLANIE SAVARD — J'étais dans un restaurant à Québec, et je lisais le journal en buvant mon café. J'ai levé la tête et j'ai vu Patrick Bourgeois entrer. Je me suis dit : « Il est encore là, lui ! » parce que je l'avais vu la veille à la télévision et que j'avais alors pensé : « Mon Dieu, ça fait des lunes qu'on ne l'a pas vu... »

Ce jour-là, Patrick accordait une entrevue dans le café. Je l'ai observé un instant et nos regards se sont croisés. Il m'a fait un sourire que je lui ai rendu. Après, je me suis replongée dans mon journal et, tranquillement, j'ai salué la serveuse que je connaissais bien et je suis repartie.

Patrick a remarqué que je connaissais la serveuse, alors il est allé vers elle et lui a demandé qui j'étais. Il lui a laissé un carton d'invitation pour moi. Il m'invitait à son lancement qui avait lieu le soir même au Liquore Store. Lorsqu'elle m'a appelée pour m'en informer, je n'en revenais pas. Ça faisait un an que j'étais célibataire et je n'avais aucune envie de me faire niaiser par un chanteur de pomme. J'avais tous les préjugés imaginables, alors disons qu'il partait sous zéro et que rien ne jouait en sa faveur. Je n'étais pas intéressée. Mon amie tentait de me convaincre en me disant qu'il était super gentil et que je n'avais rien à perdre en y allant.

Pour des raisons que je ne m'explique pas encore, j'ai donc fini par me rendre au lancement. Tout le long du trajet, je me disais qu'il avait dû donner un carton d'invitation à plein d'autres filles et qu'il n'allait probablement pas se souvenir de moi. Je suis entrée et je me suis assise à une table tout près de la sortie.

Finalement, peu de temps après mon arrivée, il est venu me voir. Il s'est assis à côté de moi et il m'a dit qu'il était vraiment content que je sois là. Je lui ai répondu que si son but était de m'amener à sa chambre d'hôtel, il s'était trompé de fille. Il m'a regardée avec un sourire et les yeux brillants, et il m'a dit : « Ouain, tu as du caractère. J'aime ça... » Ça m'a ramolli les jambes ! Finalement, on a jasé et c'est comme si plus rien n'existait autour de nous. Il avait beau être au lancement de son album, il ne m'a jamais quittée du regard. Il m'a ensuite dit qu'il allait me donner son numéro de téléphone. J'ai refusé parce que je n'allais pas le rappeler, je préférais lui laisser le mien. Le lendemain matin, il m'a rappelée parce qu'il avait peur que je ne lui aie pas donné le bon numéro !

Au final, ç'a été une belle histoire d'amour, nous deux. On s'est mariés le 17 septembre 2004 à l'église Sainte-Thérèse-d'Avila, sur la Rive-Nord. On a joué deux chansons de Jean Ferrat à la cérémonie. La première, *Que c'est beau la vie,* et la deuxième, *Que ferais-je sans toi ?*. Patrick m'a aussi dédié la chanson *Tu ne sauras jamais*. C'était le plus beau jour de ma vie, de notre vie.

> Sa chanson préférée des BB : « C'est la chanson *Je suis à toi*, sur l'album *Univers*. Patrick l'a composée et écrite pour moi. »

« Patrick ne parlait jamais de ses accomplissements avec Les BB. J'en entendais parler par les autres ou lorsque je tombais sur des émissions. Peu à peu, j'ai vu à quel point c'était gros. Lui, jamais il ne s'est vanté de ça. Quand je suis allée voir le *show* des 25 ans aux Francofolies, j'ai fait le saut. »

Marie-William est née le 30 octobre 2002.

Le mariage de Patrick et Mélanie en 2005.

raconté par...
MÉLANIE SAVARD

QUAND PATRICK TOURNE LE DOS À LA MUSIQUE

Après l'échec *d'Inexploré*, son deuxième album solo, Patrick était découragé. Il avait mis une année de sa vie à faire ce disque avec Nelson Minville, son principal collaborateur aux textes, et avec Aldo Nova, qui avait coréalisé l'album. De plus, lors de cette période, le chanteur n'avait plus un sou. Il n'avait plus de maison ni de studio, puisque celui-ci avait été la proie des flammes quelques mois plus tôt. Patrick était amèrement déçu. Ce nouveau disque, qu'il qualifiait comme son préféré, n'avait pas rejoint le public, encore une fois. Sa conjointe, Mélanie, se rappelle cette période difficile.

MÉLANIE SAVARD — Durant cette période, Patrick a décidé de tourner le dos à la chanson. Il ne voulait plus rien savoir de la musique. L'échec de son dernier disque en était un de trop et il était vraiment ébranlé. On a donc mené une vie qui ressemblait au quotidien de n'importe qui, loin des projecteurs. On n'avait pas un sou

Aujourd'hui, moi je passe incognito!

dans ces années-là, pas même pour mettre de l'essence dans la voiture afin de se rendre au party de Noël familial! Mais j'étais bien quand même, car j'avais mon Patrick à la maison avec moi. On était amoureux et on survivait. Ç'a été de belles années malgré tout.

À cette époque, je commençais à obtenir des contrats de maquillage, et Patrick faisait des projets de construction et de petits boulots ici et là. Il travaillait aussi pour différentes publications, entre autres comme rédacteur, dans le domaine de l'imprimé. On se débrouillait comme on pouvait pour se sortir de cette période fragile. On louait un petit appartement à Sainte-Anne-des-Lacs, dans les Laurentides, et plus tard on s'est acheté un condo à Sainte-Anne-des-Plaines, endroit que Patrick a rénové de ses mains. Quelque temps après, il a lancé Bleu Cayenne, sa boîte de création multimédia, et ç'a bien fonctionné. Patrick, c'était un débrouillard, et quand quelque chose ne marchait pas, il se retroussait les manches et essayait autre chose. Il était comme ça et il réussissait toujours à se sortir la tête de l'eau. Travailler dans l'ombre lui convenait, et il ne s'ennuyait pas de la popularité et du succès.

Patrick, qui ne s'est jamais considéré comme un *has been*, n'était pas non plus nostalgique de ce qu'il avait été. Il s'estimait chanceux d'avoir vécu tout ça, et il n'était ni envieux ni frustré de ne plus être sous les feux de la rampe. Ça n'a jamais été son but, devenir une vedette. Son rêve à lui, c'était de faire de la musique.

« Je n'ai pas connu le Patrick de la BB mania qui était au sommet de la gloire. Mais j'ai vu des gens nous suivre pour tenter de savoir où l'on habitait ; j'ai vu des gens épier ce que l'on mettait dans notre panier d'épicerie ; nous suivre dans un stationnement de centre commercial pour savoir quelle voiture Patrick conduisait. On a aussi eu des lettres sans timbre adressées à Patrick dans notre boîte aux lettres. Une fois, des gens sont venus frapper chez nous, à Sainte-Agathe-des-Monts, pour savoir si c'était bel et bien là que Patrick Bourgeois restait. »

raconté par...

ALAIN LAPOINTE

LE FLOP DE *BONHEUR FACILE*

En 2004, un hasard allait réunir Patrick et Alain au Festival de la chanson de Saint-Ambroise, au Saguenay. L'un était porte-parole du concours et l'autre juge. Il ne manquait que François pour que les retrouvailles soient complètes... Un coup de fil et quelques heures plus tard, le batteur débarquait rejoindre ses vieux potes. Le feu a repris... et les gars ont décidé de faire un album !

ALAIN LAPOINTE — Je pense que c'est probablement la pire idée que l'on a eue. C'était purement égoïste de faire de nouvelles chansons. On n'avait personne pour vendre ce disque, on n'avait pas d'équipe derrière nous. C'était casse-gueule comme projet et on l'a eu dans les dents. On était dans la légèreté sur toute la ligne. Même la campagne médiatique, on l'a peut-être trop prise à la légère. Le résultat a donc été un flop monumental. On n'a jamais vendu aussi peu d'exemplaires d'un disque.

« Ce disque-là, ce n'était pas un retour, c'était un détour », a déclaré Patrick Bourgeois au magazine *7 Jours*.

Honnêtement, cet album a été fait sur un coup de tête et c'était du grand n'importe quoi... On l'a enregistré rapidement, entre autres au studio de l'école où j'enseignais et dans le petit studio chez Patrick. On voulait un son urbain, plus moderne, et les fans se sont perdus dans tout ça.

Ce n'est pas compliqué, c'est le disque le moins BB des BB. Bon, il y a quelques chansons qui viennent chercher un peu l'essence du groupe, les textes étaient bons, mais la direction que ça a pris avec les sons de mandoline et les petits banjos, ce n'était pas nous.

Le plus drôle, c'est que les fans ont mal accueilli cet album aux accents country, mais que les critiques, pour une fois, étaient positives. La majorité des chansons étaient signées par Patrick et Nelson Minville, sauf une, la pièce éponyme, qui était de François Jean.

Si on a vendu 2000 exemplaires de ce disque, c'est un miracle. En spectacle, quand on chantait les chansons de *Bonheur facile*, les gens criaient « *T'es dans la lune !* » et « *Donne-moi ma chance !* ». Ils ne voulaient rien savoir de nos nouvelles chansons. On a donc continué de faire des spectacles, mais en enlevant les nouvelles tounes. Même les radios nous ont boudés. Devant ce beau flop, on est retournés chacun de notre côté, encore plus bredouilles...

raconté par...

ALAIN LAPOINTE

LA GRANDE SURPRISE
DES FRANCOFOLIES

Vingt ans après le premier album des BB, Laurent Saulnier, vice-président à la programmation des Francofolies de Montréal, a eu l'idée folle de réunir les trois gars le temps d'une soirée à la Place des Festivals. Au départ, Patrick n'était pas chaud à l'idée. Mais il s'est laissé convaincre par la promesse que ce retour des BB allait se faire pour un soir seulement. Il était loin de se douter que plus de 100 000 personnes seraient au rendez-vous pour assister à leur réunion sur scène. La soirée a été un succès monstre et surtout une grande surprise pour Les BB !

ALAIN LAPOINTE — Quand on a fait les premières Francofolies, en juillet 2008, c'était vraiment pour le fun. On ne s'attendait pas du tout à un tel enthousiasme du public. On a accepté de le faire pour le plaisir de rejouer ensemble, peut-être une dernière fois. Ça faisait plusieurs années qu'on ne s'était pas vus, François, Patrick et moi. On était tous les trois complètement ailleurs.

« Après les retours ratés, le spectacle des Francofolies a fait du bien. On était tous un peu démolis par les dernières années des BB. »

En ce soir de juillet 2009, Les BB sont heureux de retrouver leur public.

Je me souviens que cette journée-là, on a fait plusieurs entrevues. Il y avait vraiment un bel engouement face à notre retour.

On a répété une grande partie de la journée, et on voyait des gens arriver tranquillement sur le bord de la scène, mais on n'y prêtait pas trop attention. Peu de temps avant le début du spectacle, lorsque nous avons jeté un œil au public depuis les coulisses, c'était devenu complètement fou ! On s'attendait à quelques milliers de nostalgiques, mais non, il y avait du monde à perte de vue, et des gens de 7 à 77 ans. C'était toute une surprise et je capotais un peu. On n'avait pas joué depuis des années et j'avais peur qu'on soit un peu rouillés... Finalement, après deux chansons, c'était revenu, comme si on avait joué la veille. Patrick, François et moi, on avait tellement joué souvent ensemble qu'on a vite repris nos bonnes vieilles habitudes. Le public était très réceptif à nos chansons, tout le monde les reprenait en chœur et ç'a été une soirée plus que magique. On n'en revenait pas, et je pense que ça nous a pris trois jours pour nous remettre de nos émotions. On n'avait jamais joué devant autant de monde de notre vie. On a vraiment été privilégiés de vivre ça.

Après cette prestation, une autre surprise nous attendait : il y avait de plus en plus de demandes pour nous voir en spectacle ici et là au Québec. Patrick ne voulait rien savoir de ça au départ. François et moi avons vraiment dû travailler fort pour le convaincre qu'on devait faire renaître Les BB plus d'un soir.

Patrick n'était vraiment pas emballé par tout ça, il avait peur que les *patterns* du passé refassent surface. Je lui ai expliqué que nous avions une maturité nouvelle et que ça ne serait plus la fête tous les soirs comme à l'époque. On a finalement décidé de tenter le coup. Les spectacles se sont bookés à la vitesse de l'éclair et l'été suivant, nous étions sur la route et partout où nous allions le public était là, fidèle au rendez-vous, pour entonner nos chansons avec nous. Ça fait du bien. Et on peut dire ce que l'on voudra, aucun de nous trois n'avait fait des millions pendant les vingt dernières années, alors cette rentrée d'argent était bienvenue !

raconté par...

LUDOVICK BOURGEOIS

ÊTRE LE FILS D'UN BB

Ludovick, le deuxième enfant de Patrick, est né le 5 janvier 1993. Il n'a donc pas vécu l'ampleur que la musique de son père a eue à l'époque. Il a vécu une enfance normale avec un père musicien, mais qui s'intéressait aussi à plein d'autres choses. Lorsqu'il a vu les milliers de personnes qui s'étaient déplacées pour le spectacle des BB aux Francofolies, il a eu tout un choc ! Son père était donc un pilier de la musique québécoise ! Le jeune homme nous raconte son enfance auprès de Patrick Bourgeois et les souvenirs qu'il garde de cette période.

LUDOVICK BOURGEOIS — Quand mon père était un BB, j'étais beaucoup trop jeune pour m'en rendre compte. Enfant, je savais qu'il était dans la musique, je savais qu'il avait fait partie d'un groupe, mais je n'avais aucune idée de l'ampleur que ça avait eue... jusqu'en 2008, quand je suis allé voir le spectacle aux Francofolies de Montréal. Il y avait comme 100 000 personnes !

Ludovick n'avait que quelques mois lorsque Patrick le taquinait en lui soufflant dans les oreilles.

Un moment père-fils après un match de hockey.

Dans la marée de monde, j'entrevoyais des pancartes qui disaient : « Patrick, je suis ton fils. » Disons que ça m'a marqué un peu. C'est là que j'ai compris que ça avait été gros, Les BB.

Il y avait bien des surveillantes à la garderie ou des parents de mes amis qui me parlaient de mon père. Mais disons qu'en 2000, Les BB, c'était moins *hot*. Je n'ai jamais vu mon père signer un autographe ou se faire prendre en photo. Et il n'était pas du genre à écouter ses disques à la maison. Mon père a toujours été très *low profile* face au succès qu'il avait connu, et ç'a fait en sorte que je n'ai jamais vraiment saisi toute l'importance que le groupe avait eue au Québec. Mais j'ai vite compris que mon père était un génie de la mélodie !

Enfant, j'avais la cassette du premier album des BB. Quand je me couchais le soir chez ma mère, pour m'endormir, j'avais le rituel d'écouter *Le Gamin*, l'une des chansons de l'album. Elle raconte l'histoire d'un petit gars qui veut devenir un chanteur et qui veut faire partie des grands. Pourtant, quand j'y pense, je n'avais pas du tout le désir d'être chanteur quand j'étais petit. Je voulais être un joueur de hockey dans la Ligue nationale.

Mes parents se sont séparés au début des années 2000. Ma sœur Pénélope et moi, on vivait une semaine chez mon père et une autre chez ma mère. Puis, à un certain moment, on s'est installés chez ma mère à temps plein. Au début de mon adolescence, il y a donc eu une période où je voyais moins mon père. J'avais mes amis chez ma mère et mon père n'était pas un « appeleux ». Moi non plus. On ne s'appelait pas, mais quand on se voyait, c'était merveilleux.

Il faut aussi dire qu'il avait une autre famille avec Mélanie et Marie-William, donc ce n'était simple pour personne. Parfois, il se manifestait. Quand je jouais au hockey, il est venu me voir au début pendant quelques matchs, puis il a arrêté. Ce n'était pas trop son genre de venir à l'aréna.

Je ne dirais pas que mon père était présent pour moi et pour ma sœur Pénélope quand nous étions enfants. On ne se voyait pas aussi souvent qu'un père devrait voir ses enfants. Mais quand on était ensemble, il était entièrement là, il jouait avec nous et nous faisions plein de choses. C'étaient des moments importants et c'est pour ça que je n'ai jamais senti que j'étais un enfant délaissé. Je suis certain que ma sœur Pénélope non plus. Mon père rattrapait le temps perdu et chaque moment avec lui était unique et précieux.

Je ne vais jamais oublier nos fameux voyages en camping ou à la plage. Mon père faisait de magnifiques sculptures dans le sable. On faisait aussi du ski ensemble, on a construit une belle voiture à savon. Mon père, c'était un éternel enfant et le compagnon de jeu idéal quand j'étais petit. Il faisait aussi la meilleure fondue au fromage. Je n'ai pas eu le père le plus présent physiquement, mais je savais qu'il était toujours là si j'avais besoin de lui. Je ne changerais mon père pour rien au monde. Il a été fantastique et de bon conseil. J'aurais juste souhaité qu'il reste avec moi plus longtemps à l'âge adulte.

« Le décès de mon père a fait en sorte de rapprocher ses deux familles. Je suis maintenant beaucoup plus proche de ma sœur Marie-William et de Mélanie que je ne l'ai jamais été. »

Patrick était le champion quand venait le temps de faire des sculptures dans le sable.

Sa chanson préférée des BB : *Tu ne sauras jamais*.
« C'est la chanson qui m'a ouvert bien grandes les portes de
La Voix quand je l'ai chantée lors des auditions à l'aveugle.
C'est vraiment ma préférée du répertoire de mon père. »

raconté par...

FRED
ST-GELAIS

UNE RENCONTRE MARQUANTE

C'est lors d'un souper d'anniversaire de Guy A. Lepage que Fred St-Gelais a vu son idole de jeunesse, Patrick Bourgeois, tout près de lui. À l'époque, Fred adorait Motley Crue, Duran Duran et Bon Jovi... mais aussi Les BB, qui étaient, selon lui, le seul groupe québécois à avoir un son international. Lors de cette soirée, il a donc abordé Patrick pour la première fois. Il était loin de se douter que ce serait le point de départ de plusieurs collaborations qui s'étaleraient sur des années.

FRED ST-GELAIS — Il avait l'air gentil, il souriait et parlait à tout le monde, alors je suis tout de suite allé le voir. Ce n'est pas trop mon genre, je suis plutôt réservé habituellement. On a jasé longuement, et dans ma tête, je me disais : «Je ne sais pas si Les BB auraient envie de faire un nouvel album?» J'essayais de trouver le courage de lui proposer une collaboration. J'étais un peu gêné, et, tout à coup, il m'a dit : «Là, depuis le début de la soirée, je me demande si je vais oser te poser la question... Tu ne dois vraiment pas avoir le temps, mais je prépare un nouvel album des BB et

> **« Les gens qui disent que Patrick faussait dans le temps des BB n'ont certainement pas vu les mêmes performances que moi. »**

ce serait cool si on pouvait faire ne serait-ce qu'une toune ensemble ! » Ce à quoi j'ai répondu : « M'a t'en faire, moi, on va faire une toune… On va faire un album au complet ensemble, si tu veux ! » Je pense que je me suis surpris moi-même d'oser dire ça.

À l'époque, j'avais beaucoup de visibilité avec Marie-Mai et plusieurs pensaient que je travaillais exclusivement avec elle. Mais pourtant, je collaborais aussi avec d'autres artistes.

La semaine suivante, Patrick et moi avons commencé à travailler sur ce qui allait devenir le disque *Univers*. C'était en 2010. On a travaillé assez intensément pendant cinq ou six mois. Ç'a été un charme de faire ça avec lui. Il est arrivé avec une quantité incroyable de maquettes pour cet album-là. Je pense qu'il avait soixante chansons pour faire ce disque. Il pouvait sortir sa guitare, se mettre à chanter et en une demi-heure, le premier jet était fini. Il était très impressionnant. C'était souvent sommaire, avec quelques paroles ou du blablabla ici et là, mais ça donnait une bonne idée de la chanson.

Deux passionnés de guitare, dans un magasin de musique.

J'ai écouté tout son matériel et il m'a parlé de la direction qu'il voulait prendre pour l'album. J'ai finalement retenu cinq chansons qui étaient, selon moi, les meilleures du lot et qui allaient bien ensemble. Il y avait plusieurs autres belles trouvailles parmi les maquettes, mais elles étaient un peu moins conformes à ce qu'il voulait comme direction. Ensuite, je lui ai demandé de m'en écrire cinq ou six autres dans la même lignée. Il pouvait composer quatre ou cinq chansons par jour. Il venait me voir tous les trois jours avec environ quinze nouvelles chansons à me faire entendre ! Ce n'était pas toujours bon, mais Patrick ne se censurait pas. À partir du moment où j'ai senti qu'on avait douze bonnes chansons solides, on a entrepris le travail en studio.

Patrick avait une voix incroyable. Et je pense qu'il n'a jamais faussé de sa vie ! Parfois, je lui demandais en blague de me fausser quelques notes et il en était incapable. Il avait un registre impressionnant : je n'ai jamais pu aller au bout de son étendue vocale tant il réussissait à atteindre toutes les notes. Il avait une voix cristalline et était en parfait contrôle de son instrument.

On pouvait faire trois sessions dans la même journée et il n'avait jamais mal à la gorge. Il était solide comme le roc.

Quand on a conçu *Univers*, je ne voulais pas me mettre la pression de faire un album qui allait pogner plus que le *Greatest Hits* des BB. Ça ne se peut pas de toute façon. Il faut être réaliste, on ne réinvente pas la roue avec des artistes qui ont accumulé les hits comme Les BB. Vouloir le faire, c'est se peinturer dans un coin et bloquer la créativité. La meilleure approche, c'était de chercher à produire les meilleures chansons possible. Le disque n'a pas eu beaucoup de succès, mais, personnellement, je capote sur le résultat et je trouve que c'est un excellent album des BB. Et puis, j'ai travaillé sur d'autres projets «retour», dont un avec Martine St-Clair, et on dirait que ça ne fonctionne jamais au Québec. Les stations de radio t'identifient à une autre époque, et tu as beau sortir la meilleure toune, la plus moderne des chansons qui colle avec leur son, elles ne la feront pas tourner.

Je savais d'avance, en faisant *Univers*, que les radios risquaient de ne pas embarquer. D'autant plus que Patrick ne voulait pas que ce disque sonne comme un album *revival*. Il a voulu éviter de reproduire le son des BB de l'époque. Il voulait seulement que ce soit un bon album pop. Il a voulu faire ce disque pour le plaisir, et tant mieux si ça marchait. Patrick n'était pas encore malade à ce moment-là. Il était heureux et toujours souriant. C'était un perfectionniste qui était constamment prêt à recommencer.

À l'été 2017, peu de temps après la victoire de Ludovick à *La Voix*, on s'est retrouvés pour travailler ensemble sur le disque du jeune homme. J'ai tellement de sentiments contradictoires par rapport à cette période-là, parce que c'étaient les derniers mois de vie de Patrick. À cette époque, j'étais en Californie depuis plusieurs mois quand j'ai reçu l'appel de Patrick : «Fred, il faut que tu reviennes au Québec, on va faire l'album de Ludo ensemble.» Je suis donc revenu pour ça. Je savais que Patrick était malade et, dans ma tête, c'était peut-être la dernière chance que j'avais de travailler avec mon ami. Je n'avais jamais encore rencontré Ludo, mais ç'a été un oui automatique.

Avec Alain Lapointe lors de l'enregistrement de l'album *Univers*.

Fred St-Gelais dans son studio à Montréal.

« *Univers* est dans mon top 5 des albums favoris que j'ai réalisés. »

Au début de l'été, j'ai installé ma roulotte à quelques pas de la maison et du studio de Patrick, à Sainte-Agathe-des-Monts. On a travaillé un peu sur le disque, mais sa santé se détériorait rapidement. Trois ou quatre fois, on s'est assis pour écrire des chansons tous ensemble, mais Patrick se fatiguait vite. C'était devenu difficile pour lui. Encore aujourd'hui, je me demande comment il a trouvé l'énergie pour en faire autant. Il nous a guidés, il donnait son avis et ses recommandations sur les chansons, il a vraiment contribué à cet album. Mais à un moment donné, il n'avait plus de gaz. Chaque jour, il était de plus en plus atteint. Est venu un temps où il avait du mal à chanter et sa mémoire n'était plus là non plus. On a alors pris la décision de poursuivre l'enregistrement du disque à Montréal, dans mon studio, pour lui permettre de se reposer. Ludovick et moi, on allait lui faire entendre les chansons.

Mon plus beau souvenir avec Patrick reste l'enregistrement de *Je suis à toi*, qui est la première chanson que l'on a faite ensemble. C'était notre toune test. On l'enregistrait et, si ça allait bien, on faisait l'album complet en collaboration. Pour moi, travailler avec lui était un peu irréel. C'était mon rêve de petit gars qui se réalisait. Je me souviens, il est arrivé et il était déjà crinqué. On a ouvert le micro, il a fait la chanson d'un trait et c'était parfait. J'ai alors compris que la légende était intacte. J'étais émerveillé. Je faisais une toune avec Pat Bourgeois. Je n'en revenais pas. Après ça, il me reste à travailler avec Madonna et je vais pouvoir mourir en paix !

Sa chanson préférée des BB : *Seul au combat*. « C'est une chanson hors concours, c'est impossible d'écrire quelque chose d'aussi beau. Ça prend un talent à la naissance que je n'ai pas eu pour écrire une chanson comme ça. Elle est indéniablement parfaite. »

SON TOP 3 DES BB :
Seul au combat, Tu ne sauras jamais, Cette fleur.

raconté par...

MARIO
LEFEBVRE

L'ALBUM *UNIVERS*

Mario Lefebvre a été présent à différents moments de la car-
rière des BB. Il restera l'agent, l'ami et l'homme de confiance de
Patrick jusqu'à la fin. L'idée de faire un nouvel album avec Les
BB, c'était la sienne. Il nous raconte l'histoire de ce disque
ayant pour titre *Univers*, qui était au départ un effort solo de
Patrick.

Univers — LES BB

« C'est le retour de ma Vitamine BB. »

Pancarte de Jeannine de Sherbrooke, qui était bien contente de retrouver son groupe favori. Elle suivra d'ailleurs le groupe durant tout l'été, assistant à presque tous les spectacles.

MARIO LEFEBVRE — En 2010, mon ami Bill St-Georges m'a appelé pour me demander de participer au nouveau projet de Patrick Bourgeois. Il était question d'un projet solo qui serait réalisé par Fred St-Gelais, alors réalisateur des albums de Marie-Mai. Comme j'aimais bien Patrick, j'ai dit oui tout de suite. J'étais heureux de le retrouver. Dès les premiers jours en studio, Fred et Patrick m'ont fait entendre quelques chansons. C'était bon, ça sonnait bien, mais plus je les écoutais, plus une question me trottait dans la tête. Patrick avait fait pas moins d'une quarantaine de chansons pour ce disque : pourquoi est-ce que ça ne sonnait pas du tout comme un album de Patrick, mais plutôt comme celui d'un certain groupe chouchou…?

Je lui ai demandé pourquoi il ne faisait pas plutôt un album sous le nom des BB, avec François et Alain. Il ne comprenait pas mon hésitation, puisqu'il s'alignait vraiment sur un projet solo. Il avait tourné la page et n'avait pas l'intention d'enregistrer de nouvelles chansons des BB, surtout après l'échec de *Bonheur facile*, le dernier disque du groupe, paru en 2004, qui était passé complètement dans le beurre. Je lui ai expliqué que Les BB occupaient une place spéciale dans le cœur des gens et que ce disque avait été un échec parce qu'il était sûrement trop éloigné de ce qu'était le groupe. Les fans ne s'attendaient pas à ça, c'était trop différent de ce qu'ils aimaient.

J'ai ensuite ajouté comme argument que ce serait le fun de faire un dernier tour de piste qui aurait un élan positif pour le groupe et pour les fans avant de véritablement boucler la boucle.

Patrick n'était pas convaincu. Il y a pensé durant les semaines qui ont suivi. Nous revenions souvent sur ce sujet, lui et moi, et il doutait. Pourtant, j'étais certain de mon affaire, surtout que, chaque fois que je le retrouvais en studio et qu'il me faisait entendre de nouvelles chansons, ça sonnait vraiment comme Les BB. Ça ne ressemblait en rien à ce que Patrick faisait en solo. Pour moi, c'était clair que ce disque s'inscrivait dans la discographie du groupe et qu'il devait rappeler les deux autres membres du trio.

L'idée a fait son chemin et, un jour, Patrick s'est tourné vers moi et m'a dit que j'avais raison. Je lui ai expliqué que le pouvoir d'un nom est plus important que n'importe quoi dans ce métier. En réunissant de nouveau Les BB, il aurait au moins quarante spectacles garantis à l'agenda. Surtout que le groupe était plus fort après une première offensive aux Francofolies en 2009, attirant pas moins de 100 000 personnes. C'était une idée de Laurent Saulnier, l'un des metteurs en œuvre du festival pour souligner en grand les vingt ans du groupe. Maintenant, le nom des BB refaisait surface et le *timing* était bon.

Patrick a appelé François et Alain, qui n'ont aucunement hésité et ont sauté tête première dans le projet. Même qu'ils étaient emballés à l'idée de rallumer la flamme et de faire de nouvelles chansons. À cette époque, Patrick gagnait sa vie surtout dans la construction. Alain était enseignant. François cumulait des petits boulots. Chose certaine, les trois membres du groupe avaient mangé leur pain noir durant les dernières années, alors ce retour des BB était inespéré

Le lancement de l'album *Univers* a eu lieu au Club Soda du boulevard Saint-Laurent, le 26 septembre 2012. L'endroit était rempli à craquer. Les BB affichaient un nouveau look. Patrick portait les cheveux plus courts. Dans la salle, des fans inconditionnels du groupe manifestaient leur joie d'être là et réclamaient Les BB sur scène. Il y avait de la frénésie dans l'air. Rien qui s'apparentait à ce que c'était presque vingt ans plus tôt, mais cela annonçait tout de même des jours plus prometteurs pour Patrick, François et Alain.

Bon retour !
On verra si votre public est prêt à accepter votre passage de fringants jeunes « BB » à vigoureux vieux « PP » !

Cette carte de TLMEP est personnelle et est valable sans durée de temps.
TOUT LE MONDE EN PARLE

La plupart des chansons qui composent l'album sont signées par Patrick (paroles et musique), sauf la chanson *Tant que tournera le monde,* qui est de Nelson Minville, et la pièce titre *Univers,* dont les paroles sont de Marie-Mai. Cette collaboration est née quand la chanteuse, après avoir entendu la maquette de la chanson, a eu envie d'y mettre un texte. Ç'a bien fonctionné.

_____

«*Univers* est selon moi le meilleur album des BB. Dans les textes, il est question, oui, d'amour, mais aussi du temps qui passe, des préjugés et de l'importance de s'aimer avant d'aimer les autres. Il y a aussi une chanson sur le deuil », a dit Patrick le soir du lancement.

et bienvenu. Ils se retrouvaient tous les trois en studio après s'être perdus de vue pendant quelques années. Dès le premier jour, c'était comme s'ils s'étaient vus la veille, tellement ils reprenaient vite leurs habitudes ensemble. La chimie était là !

On a décidé de faire le disque avec Musicor et Pierre Marchand, qui est un fan fini des BB. Celui-ci a embarqué tout de suite. Après plusieurs séances d'enregistrement au studio La Chambre, à Montréal, est peu à peu né le disque *Univers*. Les fidèles du groupe semblaient emballés par ce projet. *Je suis à toi*, le premier extrait radio, a été lancé le 12 mai 2011. En même temps, on a annoncé que Les BB avaient enregistré un nouveau disque de onze chansons avec Fred St-Gelais et qu'une tournée aurait lieu à l'automne. La chanson a été l'un des succès francophones de l'été. Ça promettait pour le grand retour !

Ce nouveau disque des BB, c'était de la bonne musique pop énergique et au son actuel. Ça ne sonnait pas comme du BB d'il y a vingt ans, mais les fans reconnaîtraient le son de leur groupe dans les compositions, la voix et les mélodies. Les nostalgiques des plus gros succès de l'époque ne seraient pas dépaysés en entendant ce disque.

La voix de Patrick, elle, sonnait mieux que jamais. Il faut dire que Fred le faisait chanter avec le fouet en studio. « Tant que ce n'est pas parfait, tu restes dans la cabine », lui disait le réalisateur. Le résultat a été à la hauteur des attentes et le disque s'est assez bien vendu. Plus de 30 000 exemplaires ont trouvé preneur et trois extraits se sont frayé un bon chemin dans les radios. On a alors décidé de suivre la demande et de maintenir Les BB en tournée. À l'été 2011, quelques mois avant la sortie de l'album, Les BB ont fait la tournée des festivals partout au Québec. Ils mettaient bien sûr l'accent sur les vieux succès, mais ils présentaient aussi de nouvelles chansons qui étaient très bien accueillies. Ils ont fait des spectacles durant les trois étés suivants. Patrick était heureux. Il faisait ce qu'il aimait le plus au monde, de la musique, et cela, malgré la maladie qui se pointait déjà le bout du nez...

raconté par...

ANTOINE GRATTON

LES 25 ANS DES BB

Pour souligner les 25 ans des BB, en 2014, Patrick a eu l'ambitieux projet de reprendre les plus grands succès du groupe, de les mettre au goût du jour et de les réinterpréter en duo avec différents artistes tels que Matt Laurent, Michel Louvain, Véronic DiCaire et plusieurs autres. Ce disque était alors le prétexte idéal pour ramener Les BB sur les routes du Québec et sur la scène des Francofolies pour une autre soirée mémorable. C'est aussi ce projet qui a provoqué la rencontre de Patrick avec Antoine Gratton. Celui-ci a suivi Les BB durant toute la tournée à travers le Québec.

ANTOINE GRATTON — La première rencontre entre Patrick et moi a eu lieu lorsque je réalisais l'album *Ils chantent Louvain*, paru en octobre 2014, et sur lequel Patrick reprend la chanson *Sylvie*. Ça nous a donné l'occasion de jouer ensemble en studio et on a eu un plaisir fou. On a donc remis ça peu de temps après et on a travaillé ensemble sur le disque *Les BB – 25 ans*. J'ai interprété la chanson *La sirène* avec lui. On a enregistré dans son magnifique studio de sa maison de Sainte-Agathe-des-Monts. On a trippé comme deux petits culs, et on était pas mal fiers du résultat. Puis, un jour, alors que notre travail ensemble s'achevait, Patrick m'a dit : « On cherche un bassiste pour faire la tournée avec nous. Ferais-tu ça, toi ? » Ça tombait bien, j'avais le temps et l'idée de jouer sur scène avec ce passionné me tentait pas mal. Ce n'est pas tous les jours que tu as la chance de te joindre aux BB ! J'ai dit oui et ç'a été une tournée incroyable à jouer devant un public encore plus incroyable.

La première fois que je suis arrivé sur scène avec eux, j'ai eu l'impression d'être avec les Beatles. L'accueil du public était énorme et il fallait voir les yeux de Patrick quand il était devant ses fans. Il était si fier de ses accords quand il les jouait ! Il était beau à voir. C'était un *kid* qui trippait.

J'ai deux souvenirs marquants de ma tournée avec Les BB. Lors du spectacle d'ouverture, ma blonde était enceinte de notre première fille et il était prévu qu'elle accouche le soir même. Je ne savais pas trop quoi faire et, surtout, je voulais être là à la naissance de mon enfant ! Mais j'étais déchiré parce que je ne voulais pas faire faux bond aux gars... Ma blonde m'a dit que j'allais avoir le temps, je me suis donc précipité sur scène avec Les BB, et j'avais même un bassiste de remplacement au cas où.

Quand deux bêtes de scène
se rencontrent.

Patrick, Alain et Ludo en compagnie
de quelques artistes participant
à la tournée Les BB - 25 ans.

Finalement, j'ai pu faire le spectacle en entier et quand je suis sorti de scène, j'ai reçu un appel de ma blonde qui venait de perdre ses eaux. J'ai juste eu le temps de me rendre à l'hôpital ! Disons que je ne vais jamais oublier mon premier soir sur scène avec Les BB !

Mon deuxième souvenir est moins heureux : c'est celui du dernier spectacle que j'ai fait avec Patrick, à la fin de l'été. Il était très malade et on lui recommandait d'annuler tellement il était mal en point. Mais il ne voulait rien savoir. Il a tenu à faire ce spectacle. Pas question pour lui d'admettre la défaite en déclarant forfait. Il a donc chanté sur un tabouret. Plusieurs personnes dans notre entourage pensaient qu'il ne pourrait pas le faire. Mais il a donné un *show* de feu et il a chanté plus que jamais. Les gens l'acclamaient, il y a même eu plusieurs rappels, c'était épique ! Ce soir-là, il nous a donné une leçon. Il n'avait pas peur de se montrer vulnérable et il a offert toute une performance. Je ne vais jamais oublier ça. C'était un grand, ce Patrick Bourgeois. Il était devenu un ami et m'a ouvert chaleureusement sa porte musicale.

« En jouant avec Les BB, j'ai compris ce que c'était d'avoir des fans fidèles. C'est complètement fou, l'amour qu'il y a entre les fans et, en particulier, Patrick Bourgeois. »

Sa chanson préférée des BB : *Cavalière*. « Cette chanson-là est tellement le fun à jouer en *show*. Ça me rappelle AC/DC tellement ça déménage. »

Antoine pris sur le vif lors du spectacle des Francofolies à l'été 2015.

raconté par...

MARIO LEFEBVRE

MAIS OÙ EST FRANÇOIS JEAN ?

Le 17 juin 2015, Les BB sont remontés sur la scène des Franco-folies pour un autre spectacle fort attendu. Une centaine de milliers de personnes étaient devant la scène située en plein cœur du Quartier des spectacles. Mais quelque chose clochait dès l'entrée du groupe sur scène. François Jean, le batteur des BB, n'était pas là. Il avait fait faux bond et personne dans l'entourage des BB ou de l'organisation des Francofolies ne pouvait expliquer où était le BB manquant. Mélanie Savard, la conjointe de Patrick, qui était aussi l'attachée de presse du groupe, tentait tant bien que mal de calmer la tempête, mais les journalistes sur place voulaient savoir. Pourtant, Mélanie n'avait pas la réponse à ce moment-là. Patrick était attristé par la situation, il se sentait trahi par son vieux chum. Mais pas question d'annuler le spectacle. Il a secondé le musicien de remplacement au maximum. N'empêche, le lendemain, tous les médias se demandaient ce qui était arrivé. Mario Lefebvre, qui agissait à cette époque comme conseiller principal du groupe, était dans le feu de l'action, ce soir-là. Il nous raconte ce qui s'est réellement passé.

MARIO LEFEBVRE — Ce n'est pas compliqué, François Jean nous a appelés la veille pour nous dire qu'il ne se présenterait pas au spectacle. Il a donc fallu se revirer sur un dix cents et trouver un autre batteur. Maxime Lalanne a été notre sauveur. Il a appris la plupart des hits des BB en une seule nuit. Il a fait une job de champion et il a sauvé la soirée. Ce que je trouve dommage, dans cette histoire, c'est que l'aventure des trois gars s'est terminée sur une mauvaise note. Dans un groupe, il peut y avoir des chicanes à l'interne, mais es-tu obligé de laver ton linge sale sur la place publique ?

À sa décharge, je peux dire que, à ce moment-là, François n'était pas dans une bonne phase de sa vie et il était assez négatif. Dans sa tête, il était l'objet d'une énorme injustice financière et il a décidé, pour des raisons qui lui sont propres, de faire valoir ses droits.

Cependant, laisser tomber le groupe à quelques heures de préavis et à la veille d'un aussi grand spectacle, eh bien, ça ne se fait pas. Je me souviens que Patrick était déchiré. C'était un mélange de colère et de déception. Il était à la fois surpris et déçu. Il ne comprenait pas pourquoi François agissait de la sorte. Pour nous, il y a eu une petite panique côté logistique, mais on a su s'organiser, et c'est Fred St-Gelais qui a eu l'éclair de génie d'appeler Maxime Lalanne, qui était le batteur de Marie-Mai. Ce jeune musicien est une machine, un drummer exceptionnel, et il a su faire des miracles en peu de temps. C'est bien malheureux pour François, mais on a réussi à sauver le spectacle. Il y avait de la magie ce soir-là et tout le monde était content. Plusieurs artistes, dont Valérie Carpentier, Les Denis Drolet, Matt Laurent,

Michel Louvain, Véronic DiCaire et de nombreux autres, sont venus faire leur tour sur scène et ç'a été un succès.

Dans un groupe où il y a trois intervenants et où l'un d'eux prend plus d'importance, parce qu'il écrit les musiques et chante les chansons, on trouve souvent ce genre de problème. Des trios de musiciens où tout le monde est égal, je n'en connais pas beaucoup.

Patrick avait le don d'écrire les hits, en plus de bien les livrer sur scène. Par son talent et sa beauté, il était en grande partie responsable du succès et de la magie des BB. Je pense que ç'a créé une certaine jalousie et que celle-ci était présente depuis longtemps. C'était devenu un peu comme un éléphant dans la pièce. Tout le monde avait sa vision et ses propres motifs pour l'alimenter.

La question à se poser : est-ce vraiment important de savoir qui a raison et qui a tort ? Ce qui était vraiment important, c'étaient les intérêts du groupe. Le plus désolant, c'est que les trois BB se sont laissés sur cette triste note. Il y a une chanson formidable du groupe The Eagles, qui a pour titre *Long Way Home*, qui dit : «*There's three sides to every story, baby. There's yours, there's mine and the cold hard truth.*» Et c'est exactement ça. Ça s'applique tout à fait à nos trois BB. J'aurais tellement aimé que ça se passe autrement pour eux.

« À la mort de Michel Gendron, en mars 2008, Patrick a décidé de devenir l'agent des BB. Moi, j'étais son conseiller principal. Je le guidais, je lui donnais des conseils, j'étais là pour les négos, mais, à la fin, c'est lui qui décidait. Patrick n'avait pas peur de mettre ses culottes. Mais il avait besoin de quelqu'un pour partager et confirmer ses idées. »

Les deux membres originaux des BB avec Matt Laurent qui faisait partie de la tournée BB 25 ans.

raconté par...

MAXIME LALANNE

REMPLACER UN BB

« Faire de la musique avec Patrick Bourgeois et Alain Lapointe, ç'a été un privilège et une fantastique école. »

Le 17 juin 2015, Maxime Lalanne a vécu quelque chose de plus grand que nature alors qu'il s'est retrouvé sur scène avec le groupe de son enfance. Il a dû relever le défi de remplacer François Jean à la batterie et apprendre toutes les chansons des BB en bien peu de temps. Après cette fameuse soirée, il est parti sur la route pour une longue tournée avec Patrick et le groupe. Le jeune musicien, virtuose de la batterie, garde un fantastique souvenir de l'expérience et de sa relation avec le chanteur.

MAXIME LALANNE — Ce soir-là, aux Francofolies, c'était la première fois que je jouais avec Les BB et... devant 100 000 personnes ! C'était assez fou, surtout que j'avais reçu l'appel me demandant de me joindre au groupe à peine quelques heures auparavant. J'ai donc eu à apprendre les chansons très rapidement. Heureusement pour moi, le répertoire m'était familier parce que j'écoutais Les BB quand j'étais plus jeune. J'avais deux sœurs qui étaient de

grandes fans du groupe et, à force d'entendre les chansons, je me suis mis à aimer ça et à devenir un fan, moi aussi.

Quand je me suis retrouvé sur cette grosse scène, dans un festival aussi important que les Francofolies, c'était assez irréel! Pourtant, j'étais en confiance, car j'avais déjà fait cette scène-là avec Marie-Mai. Quand je suis arrivé, on me considérait comme un héros. Patrick est venu me saluer: «Hé *man*, merci d'être là, tu nous sauves la vie!» C'était gros pour moi de «sauver la vie» du groupe de mon enfance.

En même temps, ma façon de jouer est différente de celle de François Jean. Je n'ai pas conservé son «son» à lui avec la caisse claire. J'ai joué avec des textures différentes qui étaient plus apparentées à mon style. François est un batteur d'énergie. J'ai une approche plus douce. Après le spectacle des Francofolies, on m'a proposé de partir en tournée avec Les BB. Je n'en revenais pas. Ç'a été toute une expérience!

Au final, c'était beaucoup plus calme que ce à quoi je m'attendais. J'avais tellement entendu d'histoires de party les concernant! Ç'a été tout le contraire. Même si Patrick était encore en pleine forme dans ce temps-là, on meublait nos soirées en jammant dans les loges. On parlait de musique et de ses projets. Il en avait tout plein, des projets. C'était un bon vivant qui trippait à faire de la musique. En tout cas, je vais pouvoir dire que, dans ma vie, j'ai pu faire non pas un spectacle, mais toute une tournée avec mes idoles de jeunesse. Ce n'est pas rien...

> Sa chanson préférée des BB: *T'es dans la lune*.
> «C'est une bonne toune et même les gars trippaient
> sur cette chanson, pas juste les filles!»

Les gars relaxent ensemble après un spectacle.

Maxime Lalanne est arrivé comme un sauveur sur la scène des Francofolies, en 2015.

raconté par...

LUDOVICK BOURGEOIS

« J'ai vraiment attendu d'être solide, j'ai pris trois ans de cours de chant avant d'en parler à qui que ce soit. Je voulais m'assurer d'être bon avant de dévoiler ça à mon père, qui faisait ça dans la vie. »

FAIRE DE LA MUSIQUE AVEC SON PÈRE

Un jour, alors qu'il avait 17 ans, Ludovick est arrivé devant son père et lui a tendu un CD démo dans lequel il reprenait la chanson *Always*, de Bon Jovi. En l'écoutant, Patrick a été flabergasté par ce qu'il entendait. Ludovick n'avait jamais encore révélé à son père qu'il faisait de la musique, et encore moins qu'il était dans le groupe U & I. Ils ne le savaient pas à ce moment-là, mais le hasard allait bien faire les choses. Ce n'était qu'une question de temps avant que père et fils ne partagent la scène.

LUDOVICK BOURGEOIS — À l'automne 2013, le producteur Michel Chamberland, qui produit *La poule aux œufs d'or gala country*, a entendu dire que je chantais et a demandé à ma mère si ça pouvait m'intéresser de faire un duo avec mon père dans le cadre de l'émission. J'ai dit oui, et c'est comme ça que tout a commencé. On a fait notre *medley* de chansons country et à

Du temps en studio à préparer l'album *Ludovick et Patrick Bourgeois*.

Une photo dans les coulisses de *La poule aux œufs d'or gala country*.

partir de là, tout le monde nous demandait si on allait faire des spectacles. Finalement, un disque est né de cette aventure : *Ludovick et Patrick Bourgeois*. Ç'a été l'un de mes plus beaux trips. C'était ma première télé et j'ai passé une fin de semaine au complet à faire de la musique avec mon père !

Tout s'est enchaîné ensuite. Andrée Watters et Sylvain Cossette étaient eux aussi à *La Poule aux œufs d'or gala country* et ils commençaient la tournée All Star. Ils nous ont invités, mon père et moi, à en faire partie pour l'été suivant. On a donc commencé à produire des chansons en duo un peu partout. Mon père reprenait des chansons des BB et moi, je faisais des *medleys* de chansons. Je ne chantais pas les chansons des BB avec lui mais une fois, dans un spectacle à Laval, je me suis mis à l'accompagner et il a aimé ça. Chanter ces succès-là avec mon père a provoqué un sentiment de fierté en moi. J'ai toujours aimé les pièces des BB et de les chanter avec lui, ça prenait un autre sens.

En même temps, je savais que nos voix étaient similaires et qu'on se ressemblait tellement physiquement qu'on allait assurément nous comparer. J'ai subi la comparaison, mais je n'en ai pas souffert. Je ne pouvais pas changer ni ma face ni ma voix, j'ai donc décidé de faire mon chemin à moi. Je n'irai pas à l'encontre de mes rêves parce que mon père était Patrick Bourgeois. Je suis même plus qu'honoré d'être son fils. Mon père a accompli beaucoup de choses en musique et j'en suis fier.

« Certains me désignent comme le digne héritier des chansons de mon père. Je vais toujours avoir un respect énorme pour son œuvre, mais j'ai ma propre identité musicale, ma propre carrière. »

En 2015, je suis parti en tournée avec lui et ç'a été tout un trip. C'est probablement le plus bel été que j'ai passé. C'était la première fois que je gagnais ma vie en faisant des spectacles, et en plus, je le faisais avec mon père, dans les plus gros festivals et devant des foules incroyables. C'était extraordinaire et ç'a été un privilège d'avoir la chance de passer autant de temps avec lui. Je ne savais pas que la maladie s'en venait et qu'il allait mourir.

Dans les deux dernières années, avec le cancer, mon père ne voulait plus faire de spectacle si je n'étais pas là. C'était devenu trop difficile pour lui de faire une heure trente sur scène et, parfois, il n'y arrivait pas. Mais comme j'étais là, je prenais le relais. J'étais un peu devenu sa doublure.

Même durant la dernière année, il insistait toujours pour que l'on partage la même chambre d'hôtel. Ça ne me plaisait pas, au départ. Mais quand j'y repense aujourd'hui, je suis content d'avoir eu ces moments d'intimité avec lui. Je nous revois tous les deux couchés, à simplement être ensemble et à rire. Parfois, on passait du temps sur nos iPad sans se parler. C'était un peu ça, notre relation : on ne se parlait pas beaucoup, mais on se comprenait. Les mots que l'on s'est dits dans la dernière année, ça se compte en trente minutes. Mais on se comprenait sans se parler. C'était comme ça. On était comme des frères bioniques.

« J'ai perdu mon père, mais j'ai aussi perdu mon mentor. Il était une référence pour moi. À chaque étape de *La Voix*, il était là. À chaque proposition que je recevais, je lui demandais ce qu'il en pensait. C'était mon guide. Ma référence. Quand j'ai des décisions à prendre face à mon métier aujourd'hui, ça laisse un gros vide. »

La pochette de l'album *Ludovick et Patrick Bourgeois* paru en 2015.

Sur la scène des Francofolies de Montréal, à l'été 2015.

« Je n'ai jamais pensé que mon père allait mourir. Je suis parti
avec ma sœur Pénélope le 23 novembre 2017 en Chine
Jusqu'au 22, j'ai remis le voyage en question, mais il n'était
pas question pour lui que je reste. Il m'a serré la main, il m'a
dit : « Inquiète-toi pas, on se revoit quand tu reviens, je
t'aime. » Finalement, il est mort le 26 novembre. Le seul regret
que j'ai, c'est d'avoir laissé ma petite sœur Marie-William
vivre la mort de notre père sans nous

raconté par...

MICHEL LOUVAIN

LA DERNIÈRE SCÈNE DE PATRICK

Le 12 juillet 2017, Patrick Bourgeois montait sur scène et rencontrait son public pour la dernière fois. C'était dans le cadre d'une soirée hommage à Michel Louvain, pour son quatre-vingtième anniversaire, sur la scène du Festival d'été de Québec à la Place D'Youville. Le chanteur, qui en a pourtant vu d'autres au fil de sa longue carrière, ne va jamais oublier ce moment et la pulsion de vie de Patrick.

MICHEL LOUVAIN — Quand je l'ai vu arriver ce jour-là, je pensais qu'il ne réussirait pas à monter sur scène et à chanter. Il avait l'air si fatigué qu'on lui disait de ne pas le faire, que ce n'était pas grave. Mais il a tenu à y aller et ça m'a marqué. Je ne vais jamais oublier ça. Il a avancé difficilement jusqu'à l'avant de la scène, accompagné de son fils, et dès que la musique a démarré, la magie a opéré. Ils ont chanté *Tu ne sauras jamais*. J'étais tout près et très ému. C'était si beau et si touchant de les voir ensemble ; la réponse du public a été gigantesque. Je les ai

C'est un Patrick amaigri qui est venu à la rencontre de son public pour la dernière fois.

« Dernièrement, sur le plateau de la nouvelle émission de Sonia Benezra, j'ai chanté avec Ludovick et ça m'a touché. Je revoyais son père. Il lui ressemble tellement. Je suis triste de le voir ainsi perdre son mentor et tant et aussi longtemps que Ludovick aura besoin de moi, eh bien, je vais être là pour lui ! »

même fait revenir sur scène tellement les applaudissements étaient forts. Patrick avait un large sourire. C'était un héros, ce Patrick, et ce soir-là, il l'a montré à son fils et au Québec en entier.

Je l'avais rencontré quelques années plus tôt, alors qu'il avait repris la chanson *Sylvie* sur le disque *Ils chantent Louvain*. Par la suite, une série de beaux événements nous ont mis sur la route l'un de l'autre. J'ai pu ainsi connaître un gars extraordinaire et tellement courageux. Un jour, il m'a appelé, il voulait que je fasse un duo avec lui sur son disque *Les BB – 25 ans*. Il m'a dit alors qu'il avait pensé à la chanson *Voyou*. Au départ, je ne voulais pas. Je lui ai dit : « Voyons, Patrick, je suis un chanteur de charme, moi, pas un voyou ! Je ne peux pas chanter ça ! » Finalement, il m'a convaincu et ce fut un beau défi de chanter avec lui. C'était la rencontre du rocker et du chanteur sentimental. Je suis fier de l'avoir fait.

À la fin de la chanson, j'ai terminé en disant « Je suis un voyou » et ça l'a ému. Je l'ai vu dans son regard à travers la vitre du studio. Ce sont de merveilleux souvenirs. Je pense même que *Voyou* est devenue ma chanson préférée des BB.

MÉLANIE SAVARD
et MARIE-WILLIAM BOURGEOIS

LES DERNIERS MOMENTS DE PATRICK

C'est dans la maison de rêve que Patrick a construite à Saint-Sauveur, lors de la dernière année de sa vie, que j'ai rencontré Mélanie pour cette entrevue. Autour d'elle, trois Félix trônent dans un salon presque vide. On sent que le rêve de vivre dans cette maison entourée d'arbres n'est plus le sien. Que son cœur brisé et en deuil n'a plus envie de s'installer dans cette demeure, pourtant parfaite, et dans laquelle le bonheur aurait pu être tout aussi parfait. Mais la vie en a décidé autrement, Patrick n'a jamais posé le pied dans cette maison, une fois terminée. Mélanie la quittera bientôt.

MÉLANIE SAVARD — Cette maison, c'était notre rêve à deux. On a acheté ce terrain de rêve il y a trois ans, et l'année suivante, en 2016, il est tombé malade. Vivre ici sans lui, ça me pèse plus qu'autre chose. C'est bien simple, dès qu'il a terminé la maison, la

L'une des dernières prestations sur scène de Patrick.

maladie a pris le dessus. Au début du mois de novembre, il est devenu plus confus. J'ai senti que ça n'allait plus et qu'il fallait l'hospitaliser. À l'hôpital, on lui a décelé une jaunisse. Il était mal en point, mais c'était clair pour moi comme pour lui qu'il allait revenir à la maison. Finalement, il y a eu quelques complications...

Durant les trois derniers mois de sa vie, Patrick était couché. Je passais mes journées et mes nuits avec lui à écouter des séries et des films sur Netflix. Ça lui changeait les idées et on rigolait ensemble. Il gardait aussi contact avec ses proches, grâce à son iPad. Ces derniers mois se sont envolés trop vite. Jamais ces moments passés à m'occuper de lui ne m'ont paru lourds. J'étais sur le pilote automatique et je tentais d'être forte pour mon amour. Patrick ne voulait pas parler de la mort ou de sa maladie.

Dans son esprit, il était évident qu'il n'allait pas mourir et je tentais fort de le croire autant que lui. On n'a jamais perdu espoir, tous les deux. Mais en même temps, je me rendais bien compte qu'il en perdait un peu plus chaque jour. Le soir, quand il dormait, je pleurais en silence. Parfois, il se réveillait, me tapait le genou et me disait : « Ça va aller, mon amour. » J'aurais tellement voulu que ce soit vrai.

À l'hôpital Sacré-Cœur, la plupart des membres du personnel médical ne savaient pas qui il était. Plusieurs étaient de nationalité étrangère et n'avaient pas connu Les BB. Mais il était le chouchou de tous. Il avait toujours une blague, une anecdote à leur servir. Un soir, je suis arrivée dans sa chambre et il avait sa guitare à la main. Il faisait un *jam* pour le personnel. Étonnamment, il semblait prendre du mieux.

« Durant la dernière année de sa vie, on pouvait voir Patrick sur scène avec un sac banane autour de la taille. Il portait ce sac parce qu'il était en chimiothérapie. Celui-ci contenait ce qu'on appelle le « biberon de chimio ». Le matin, on branchait la chimio, et le soir, il était sur scène. Il était heureux sur scène. »

La veille de sa mort, il a passé la soirée avec notre fille, Marie-William. On se relayait beaucoup, José, Ludovick, Pénélope, Marie-William et moi. Il n'était jamais seul. Il allait bien, mais pendant la nuit, il a fait une hémorragie qui est montée dans les poumons. Son état a donc chuté rapidement. Le soir même, pourtant, on s'était parlé et il mangeait bien, il allait bien.

Jusqu'au bout, pour lui, la bataille n'était pas perdue. Je pense que Patrick a su qu'il mourait le matin même de sa mort. La seule larme que j'ai vue couler en deux ans, c'était lors de sa dernière demi-heure de vie. Patrick ne pleurait jamais pour lui. Il a pleuré la mort de David Bowie, la mort de Prince, celles de George Michael et de Leonard Cohen, mais jamais il n'a pensé un instant qu'il s'en allait vers ça, lui aussi.

Quelques jours avant son décès, Pénélope, Ludovick et José partaient pour la Chine, mais ils remettaient tout en question pour rester plutôt auprès de Patrick. Mais pour lui, il était hors de question qu'ils ne partent pas : « Allez-y, amusez-vous et envoyez-moi des photos, on se fera des FaceTime et on va se voir à votre retour », leur a-t-il dit.

Le matin de sa mort, quand je suis arrivée à l'hôpital, il était à demi conscient. Son état s'était détérioré grandement pendant la nuit. On avait l'habitude, Patrick et moi, de se parler ou de se texter durant la nuit, et il ne l'avait pas fait. J'ai appelé à quelques reprises au poste de garde, mais à ce moment tout allait bien. Je me suis dit qu'il était peut-être juste fatigué. En arrivant à l'hôpital ce matin-là, pour la première fois, j'ai dû me rendre à l'évidence. Mon Patrick s'en allait. Il a dit : « Je pense que là, je ne vais pas bien. » Ç'a été sa dernière phrase.

« J'ai dû accepter de ne jamais rencontrer plusieurs de ses spécialistes, dont sa radio-oncologue. Il ne voulait pas que l'on pose des questions dont il ne voulait pas savoir les réponses. Il disait tout le temps : "C'est mon cancer, c'est mon combat et ça ne vous appartient pas." »

Aujourd'hui, quelques mois après sa mort, je me demande si on n'était pas dans une forme de déni. Je réponds : «Peut-être.» On l'a suivi là-dedans, il était le chef d'orchestre, et le plus important pour moi, c'était d'aller dans le même sens que lui. On n'a jamais parlé de la mort ensemble, il ne voulait rien savoir de ça. Mais j'aurais aimé pouvoir lui dire : «Mon amour, je n'ai pas envie de te perdre, je ne veux pas que tu partes.» Il ne voulait pas entendre ces choses-là.

«Patrick était tellement positif face à sa maladie qu'on l'était tous aussi grâce à lui. On ne pouvait pas penser autrement. Tout passait par l'humour, il faisait constamment des blagues. Il me faisait penser au personnage de Roberto Benigni dans le film *La Vita è Bella*. C'est lui qui était malade et qui souffrait, mais il nous faisait rire en nous disant que ça irait mieux demain.»

UN MOT DE MARIE-WILLIAM

Comme un oiseau de nuit déployant ses ailes,
Tu laisses sur l'océan planer ton corps devenu trop frêle.
Tu as rompu ce soir les amarres du temps
Pour aller caresser un autre firmament.
Tout doucement, sans bruit,
Emportant pour bagages les plus belles pages de ta vie.
Sois caressé par les vents de l'amour
Qui t'accompagneront où que tu sois pour toujours.
Dans ce doux écrin de satin qui illumine
Le sourire d'argent de la lune câline.
Tu dormiras en paix comme un petit enfant
Retrouvant les bras de sa maman.
Tout en haut de ce toit habillé de lumières,
Tu suivras le destin de ceux restés sur terre.
Car la mort n'a détruit qu'un corps trop fatigué,
Mais le cœur et l'esprit survivent à jamais.

Repose en paix papa.

raconté par...

NATHALIE HOUDE et FRANÇOIS FALARDEAU

LES PLUS GRANDS FANS DES BB

Je suis à toi

À l'été 1989, Nathalie était dans un ciné-parc lorsqu'elle a ouvert la radio et entendu *Loulou* pour la première fois. Elle ne savait pas de qui était cette chanson, mais elle a adoré. Quelques jours plus tard, son amie lui a fait entendre un disque dans sa nouvelle voiture : il s'agissait du premier album des BB. «Wow !» a alors dit Nathalie, et «re-Wow», a-t-elle répété en voyant les trois gars sur la photo. C'était ce qu'elle s'amuse à appeler aujourd'hui un «coup de foudre éternel». Depuis, elle est devenue la plus grande fan du groupe et, des années plus tard, l'amie de Patrick Bourgeois.

NATHALIE HOUDE — J'ai vu le groupe sur scène pour la première fois en 1990, c'était un spectacle gratuit qui s'appelait *Le Show Bud du mois*. Je capotais de les voir enfin sur scène. En sortant du spectacle, j'étais encore plus accro aux BB et j'ai écouté leur album en boucle dans ma voiture, à la maison, partout ! Je trimballais même mon disque dans les partys, car je voulais faire entendre le groupe à tout le monde autour de moi.

« Patrick m'avait confié que Les BB allaient célébrer les 25 ans du groupe, mais qu'il n'y aurait pas de 30e anniversaire. Je pense qu'il voulait me préparer à faire mon deuil. »

Dans les bras de son idole.

Deux ans plus tard, mon deuxième rendez-vous avec Les BB a eu lieu. C'était à la salle Albert-Rousseau ; j'avais alors 27 ans et j'étais enceinte. Disons que je détonnais parmi les autres fans autour de moi, des adolescentes ou des enfants. Je chantais les chansons du deuxième album à tue-tête. Même chose avec le troisième, que j'aime encore plus. À cette époque, comme j'étais maman, je ne pouvais pas suivre le groupe partout ou les attendre tard le soir, après un spectacle. Je nourrissais tout de même ma passion en achetant les magazines qui faisaient la une avec mes idoles.

J'ai été dévastée quand j'ai appris que le groupe se séparait... Mais j'ai continué à suivre Patrick et je le défendais dès que j'entendais quelque chose de négatif à son sujet. Je lui ai été fidèle, même dans les pires moments de sa carrière, surtout quand il animait *Fa si la chanter*... Je ne comprenais pas ce qu'il faisait là, mais je l'écoutais. J'avais un rendez-vous télévisuel quotidien avec mon idole. J'ai aussi acheté ses disques solo, mais je me suis rendu compte que ce que j'aimais, c'était le son des BB. Pourtant, quand le disque *Bonheur facile* est arrivé en 2004, ce fut une déception. L'album n'avait rien d'un disque des BB pour moi. Malgré tout, à l'époque, je rêvais encore de les rencontrer un jour...

C'est finalement en décembre 2010 que j'ai enfin pu réaliser ce rêve, alors qu'ils donnaient deux spectacles dans le coin de Québec. J'ai même pu parler à Patrick, et on a jasé de nos enfants, qui ont pratiquement le même âge. Je me souviens de lui avoir dit qu'il n'avait pas chanté ma chanson préférée, *Voyou*. Il m'a alors répondu : «Ah ben, va falloir que tu reviennes demain !» Le lendemain j'étais là, et il a chanté *Voyou*... J'ai suivi Les BB aux quatre coins du Québec et j'ai vu pas moins de 57 spectacles entre 2010 et 2017. Mes rencontres avec Les BB, et surtout avec Patrick, allaient se multiplier. Une belle amitié s'est même développée entre nous, ainsi qu'avec Mélanie, sa conjointe.

J'ai eu la chance d'inviter Patrick à mon party de 50e anniversaire. Cette fois-là, les trois gars devaient être là mais, finalement, François Jean a annulé. Patrick m'a appelée pour me

Patrick avait, depuis quelques années, une page Facebook dans laquelle il partageait des recettes, des vidéos et sa passion pour la cuisine avec ses lecteurs. Le nom de sa page était Le Cuisinier Masqué. Même si Patrick n'utilisait pas son nom, il ne cachait pas non plus qui il était. « Un jour, je lui ai offert un verre à vin à l'effigie de sa page Facebook, Le Cuisinier Masqué, raconte Nathalie Houde. Il m'a dit : "T'es une bombe !" Il était bien content. »

dire : « Je suis désolé, François ne sera pas là, mais Alain et moi, on va y être avec plaisir. Au pire, pour compenser, Alain et moi, on se mettra tout nus ! » Ce soir-là, j'ai pu chanter *Snob* avec Patrick. C'était un moment magique que je ne vais jamais oublier.

Ç'a été difficile de voir la maladie prendre le dessus sur Patrick, d'un spectacle à l'autre, durant les deux dernières années. Je me souviens du dernier moment que j'ai passé avec lui. C'était le 4 novembre 2017, deux jours avant qu'il n'entre définitivement à l'hôpital. J'allais donner un coup de main à Mélanie pour sa nouvelle entreprise. Je savais que Patrick n'allait pas bien, qu'il ne voulait voir personne à part sa famille et ses amis très proches. Je suis donc restée respectueuse et réservée. Environ une heure après être arrivée, j'ai entendu une petite voix qui provenait de la chambre de Patrick : « Nathalie Houde ? Viens me voir ! »

Je suis entrée dans la chambre. Patrick était couché sur un lit d'hôpital. Je me suis assise à côté de lui, avec mon habituelle phrase : «Je peux te faire un colleux ?» Patrick, avec un clin d'œil, m'a tendu les bras... J'ai dit : «Tu dois entendre mon cœur battre, parce qu'on dirait qu'il va me sortir du corps !» et il m'a répondu : «Ça va ben aller, Nath.» J'ai refoulé mes larmes, pas question que je pleure devant celui qui a fait étinceler mes yeux et battre mon cœur d'une passion peu commune, voire incompréhensible, depuis les sept dernières années... Comme le disait si bien Ludovick dernièrement, dans une entrevue, Patrick n'était peut-être pas le genre à dire «je t'aime», mais il avait sa façon bien à lui de le démontrer, de nous le faire sentir.

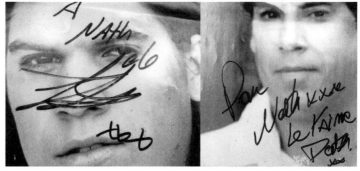

Célébrer son
50ᵉ anniversaire avec
Les BB, un beau moment
de folie.

Quand Ludovick signe un
autographe en plein milieu
de son visage.

«Un soir, lors d'un spectacle à Trois-Rivières avec Patrick et Ludovick, je me suis présentée dans la loge pour faire signer mon disque. Ludo s'y est plié en premier et Patrick a remarqué qu'il avait autographié la photo en plein milieu de son visage. Il a lâché : "Ludo, tu t'es signé dans la face, voyons ! Y, j'te dis..." On a bien rigolé. Ensuite, il a signé à son tour "Pour Nathalie xxx". Puis, il m'a regardée et a ajouté "Je t'aime, Pat xxx". Je lui ai fait mon habituel colleux et j'ai porté la pochette sur mon cœur.»

ÊTRE UN COLLECTIONNEUR DES BB

François Falardeau collectionne tout ce qui touche de près ou de loin à son groupe préféré depuis les débuts, en 1989. Sa collection est garnie de milliers de coupures de presse, d'affiches, de partitions, de CD plus rares et de beaucoup d'autres artefacts à l'effigie des BB et de Patrick Bourgeois.

« Je travaille fort encore aujourd'hui pour compléter ma collection, mais les objets rares des BB sont devenus vraiment difficiles à trouver. À l'époque, une grande partie de mes économies passaient dans l'achat de magazines et de journaux mettant le groupe en vedette. Tout est protégé dans des pellicules de plastique et bien classé. Je dois posséder environ 70 % de ce qui a été fait sur le groupe, et pour moi, c'est insuffisant. Ma maison ressemble à un petit musée des BB et de Patrick Bourgeois.

J'étais musicien à l'époque où je les ai découverts et Patrick était mon modèle. J'écoutais tellement les disques du groupe que les voisins se plaignaient : ils n'en pouvaient plus d'entendre toujours les mêmes chansons en boucle ! Pour ressembler à mon idole, je me suis laissé pousser les cheveux, j'ai changé mon habillement et je portais des boucles d'oreilles. Mais il était tellement beau que la barre était haute ! Le plus beau compliment que j'ai reçu, c'est quand on m'a dit que ma voix ressemblait à celle de Patrick lorsque je chantais.

Sa mort m'a complètement démoli. J'ai pleuré à chaudes larmes. Mais ma passion pour les BB ne s'est pas éteinte et je vais suivre la carrière de Ludovick. C'est le meilleur moyen de garder Patrick parmi nous. »

La chanson préférée de François : « *Donne-moi ma chance*, ça sonne bien pour le piano et les paroles. C'est une magnifique chanson. »

raconté par...

JAY LEFEBVRE et CHROMEO

IL RESTE LA MUSIQUE

Jay dans son studio; à quelques pas de lui, sur la table, le précieux disque dur de Patrick Bourgeois.

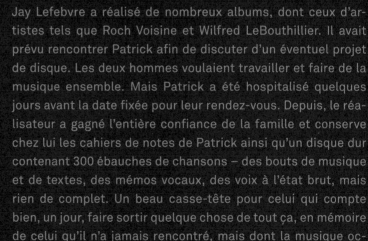

Jay Lefebvre a réalisé de nombreux albums, dont ceux d'artistes tels que Roch Voisine et Wilfred LeBouthillier. Il avait prévu rencontrer Patrick afin de discuter d'un éventuel projet de disque. Les deux hommes voulaient travailler et faire de la musique ensemble. Mais Patrick a été hospitalisé quelques jours avant la date fixée pour leur rendez-vous. Depuis, le réalisateur a gagné l'entière confiance de la famille et conserve chez lui les cahiers de notes de Patrick ainsi qu'un disque dur contenant 300 ébauches de chansons – des bouts de musique et de textes, des mémos vocaux, des voix à l'état brut, mais rien de complet. Un beau casse-tête pour celui qui compte bien, un jour, faire sortir quelque chose de tout ça, en mémoire de celui qu'il n'a jamais rencontré, mais dont la musique occupe une grande partie de son temps depuis quelques mois.

Shadow's in this world
induced by certain words
filling us with fears
so frightening but so real

A feeling I get
every time I close my eyes
every time I see them cry

The feeling I get
every time I see them fight
against those; telling lies

I can't tell you I've got the answer
I wish I could! to make things better
Every cause has a solution
Sometime must be revolution

It must mean more than just a flag
It should be something you're never had

A feeling I get
the notion I guess
when someone gets the rest

the feeling I get
everybody wants the best.

JAY LEFEBVRE — Patrick désirait rester fidèle au son qui lui était propre, il ne voulait surtout pas être dénaturé. Mais il souhaitait aussi amener quelque chose d'un peu plus contemporain dans la production de ce nouveau disque. Parfois, certains sons électros, certains *kicks* ou *snares* sont des éléments qui apportent une touche plus moderne. On s'est écrit à ce sujet tous les deux, avant son décès. Mais on n'a jamais eu le temps de se voir ! C'est vraiment un rendez-vous manqué, nous deux. Dans sa tête, Patrick avait un autre six mois de *buffer*. Il était certain de pouvoir faire le disque. Six semaines auparavant, les nouvelles de ses médecins avaient été bonnes. Il était super enthousiaste. Il voulait produire quelque chose qui allait marquer une évolution et présenter le Patrick 3.0. Il avait envie de renouveau et il était question de travailler avec plusieurs artistes. Il souhaitait aussi collaborer encore une fois avec Fred St-Gelais. Il voulait des artistes invités pour l'aider autant dans l'écriture que dans l'interprétation. Il pensait à des noms comme Michel Rivard, Richard Séguin, Luc De Larochellière et Sylvain Cossette. On n'avait pas encore approché ces artistes, mais on avait une belle liste sur papier.

J'ai 40 ans aujourd'hui, et quand j'avais 14 ans, je trippais sur Roch Voisine et sur Les BB. J'ai réalisé un de mes rêves en travaillant avec Roch ; on a fait deux albums ensemble. Et là je suis passé proche de réaliser mon deuxième rêve, celui de travailler avec Patrick.

J'ai écouté environ 300 chansons qu'il m'a fournies et il y a vraiment beaucoup de matériel intéressant. J'ai eu des DVD, des esquisses de paroles dans un livre, j'ai tout ce qui était sur son téléphone cellulaire, sur sa tablette, sur son *laptop*, sur son *desktop*. Ça fait quelques mois que je classe ça, que je fais le tri,

« J'ai vu les BB pour la première fois à l'Auditorium de Verdun et j'ai adoré le spectacle. Je devais avoir 16 ans. »

que j'annote. Presque terminé, pas terminé, vocal *rough*, vocal démo, chansons plates. Il n'y a aucune chanson de terminée à 100 %. Mais des presque terminées, il y en a quelques-unes, peut-être quatre ou cinq. Je vais évaluer tout ça avec la famille et les collaborateurs proches.

Faire quelque chose de concret avec les chansons inachevées de Patrick, c'est un beau défi, mais c'est aussi un grand honneur. J'ai entre mes mains l'héritage musical de Patrick Bourgeois, ce n'est pas rien.

Sa chanson préférée des BB : « Je suis pianiste, alors j'ai un faible pour *Donne-moi ma chance*. »

« J'ai en tête un album hommage dans lequel différents artistes viendraient ajouter des mots aux textes de Patrick. D'autres collaboreraient aux musiques. Chose certaine, il n'y a pas de quoi faire un disque complet juste de Patrick Bourgeois. »

L'INFLUENCE DES BB

S'il y a une chose que le temps a su prouver, c'est que la musique des BB a traversé les époques. Elle a aussi influencé plusieurs artistes actuels, dont le duo d'électro-funk montréalais Chromeo qui, en 2010, dévoilait *J'ai claqué la porte*, une chanson hommage aux BB et à Patrick Bourgeois. Voici comment Dave a perçu Patrick Bourgeois et son *band* :

« Nous avons grandi en regardant MusiquePlus, et donc en écoutant la musique des BB. C'était bon, cette musique, et quand est venu le temps de faire une chanson en français, c'est l'influence qui est revenue. *J'ai claqué la porte* aurait pu être une chanson des BB.

Le premier disque avait l'ambiance et les influences de Hall and Oates et d'autres groupes du genre. Je n'ai jamais vu Les BB ni Patrick en spectacle, mais j'aurais vraiment aimé ça. Une fois, on est passés proches de travailler ensemble, car il était question qu'on refasse une nouvelle version de *T'es dans la lune*, mais finalement, on n'a jamais réussi à le faire. Ça aurait été vraiment cool d'entrer en studio avec lui. Chose certaine, j'ai envie de dire merci à Patrick Bourgeois pour la musique, pour les influences. Son œuvre reste et c'est un magnifique héritage pour des groupes comme nous. »

raconté par...

PÉNÉLOPE BOURGEOIS

PATRICK BOURGEOIS, GRAND-PAPA?

Pénélope Bourgeois, la première fille de Patrick, est née le 8 avril 1990, loin des médias et des caméras. Il n'était pas question, à l'époque, de révéler quoi que ce soit sur la vie privée du chanteur des BB. Patrick ne voulait pas que la naissance de sa fille fasse la une des journaux. Il désirait garder cet aspect de sa vie pour lui le plus longtemps possible. Le soir de la naissance de Pénélope, Les BB venaient de terminer un spectacle à Ottawa et le chanteur est arrivé juste à temps pour voir sa fille naître. Patrick voulait absolument arriver à temps pour assister à l'accouchement. Le plus drôle, c'est que, pendant l'attente et le travail moins intense de José, les membres du personnel demandaient des autographes à Patrick...

« C'est fou ce qu'un enfant peut changer une vie. Ça mesure à peine quelques pouces et ça arrive à te faire marcher à quatre pattes en un rien de temps ! » a dit Patrick Bourgeois sur la paternité au magazine *7 jours*.

PÉNÉLOPE BOURGEOIS — Quand je pense à mon père, je revois cet éternel adolescent qui s'amusait toujours à jouer des tours. Ludo, mon frère, et moi, on était ses victimes préférées. Une fois, il m'a embarrée dans ma chambre avec un homard vivant qui courait partout ! Une autre fois, à l'époque où il travaillait sur la trame sonore du film *Karmina* et que ma mère n'était pas là, il a fermé toutes les lumières de la maison, il a mis la musique du film, qui était plutôt épeurante, et il s'est amusé à nous courir après avec des pinces de cuisine. C'était son genre de tours... J'ai parfois l'impression qu'il était plus un enfant que nous. En tout cas, on rigolait bien avec lui, même s'il pouvait aussi nous faire enrager ! Aujourd'hui, quand j'y pense, ça me fait sourire. Nos vacances à Cape May sont les plus beaux souvenirs que je garde de nos moments ensemble. On passait des heures en famille sur la plage. C'était magique et ç'a duré jusqu'à ce que mes parents se séparent.

Quand j'étais enfant, je n'étais pas consciente de la popularité de mon père. Mais à partir d'un certain âge, je me souviens que j'allais jouer chez mes amies et qu'elles insistaient pour que ce soit mon père qui vienne me mener chez elles. J'ai vite compris que c'était à la demande de leurs mères ! Souvent, des gens venaient le saluer et je ne comprenais pas pourquoi. Je lui demandais alors qui étaient ces gens, et il me répondait qu'il ne les connaissait pas. Je trouvais ça étrange... Des fois, certains fans étaient un peu bizarres. Je me souviens d'un voyage de camping en famille où, alors que nous mangions à l'extérieur, une tempête de vent a soufflé notre vaisselle de plastique, qui s'est envolée. On ne l'a jamais retrouvée. Pourtant, à notre retour de vacances, une dame est venue frapper à notre porte. Elle ramenait la vaisselle ! Elle avait reconnu mon père et, comme elle était notre voisine sur le terrain de camping, elle avait ramassé et caché la vaisselle pour l'utiliser comme raison d'aborder mon père, après coup... Je ne sais pas comment elle a pu trouver notre adresse. Mais ce fut un choc pour mes parents.

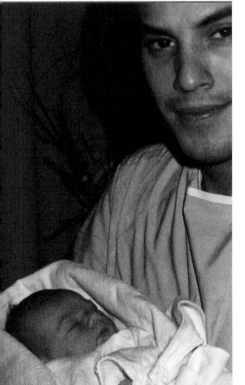

Avril 1990 : Pénélope vient tout juste de naître.

Mon père et moi étions très proches, mais on était aussi deux personnes mal à l'aise avec certaines démonstrations d'affection. Pour nous deux, ça se passait de façon différente, dans un regard, un geste. Les dernières semaines avec lui font partie des plus beaux moments qu'on a partagés ensemble. Je restais des heures entières à ses côtés, seulement à «être là». Il me demandait de lui flatter la tête et je le faisais. C'était nouveau, ça, pour nous deux. Même si je voulais croire le contraire, je le voyais s'en aller. Mais je ne pensais jamais qu'il allait nous quitter aussi vite et je m'en suis voulu d'être partie en Chine durant ses derniers moments. Si j'avais su un seul instant qu'il allait mourir si vite, je ne serais jamais partie! D'un autre côté, il voulait tellement que nous fassions le voyage, Ludo, ma mère et moi...J'ai compris ensuite, en écoutant un témoignage de Louise Latraverse à la radio, dans lequel elle racontait que sa mère lui avait demandé de partir pour qu'elle puisse mourir. Je me suis dit que c'était peut-être ce que mon père voulait. Ça m'a permis d'être un peu plus en paix avec tout ça.

Mon père me manque. J'écoute sa musique, c'est devenu mon plaisir. Je pense encore plus souvent à lui ces jours-ci, parce que j'attends mon premier enfant. Ça fait de lui un grand-père. J'imagine Patrick Bourgeois en grand-père et ça me fait sourire. Ça aurait été une grosse *joke* avec lui. J'aurais aimé voir ça. Je l'imagine par terre en train de jouer avec son petit-fils ou sa petite-fille... Ça aurait éveillé encore plus son éternel cœur d'enfant. Il aurait été le plus beau des grands-papas et il nous en aurait fait voir de toutes les couleurs, j'en suis persuadée!

> Sa chanson préférée des BB: *Le cœur à côté du lit*.
> «J'ai toujours eu une affection particulière
> pour cette belle chanson.»

«José et moi, on a opté pour le prénom de Pénélope, ça évoque une petite fille espiègle, pétillante et pleine de vie», a dit Patrick au magazine *7 Jours*.

Patrick est un papa comblé.

Une petite visite de Pénélope et de Ludovick en studio.

Des vacances en famille sur une plage du Maine.

DISCOGRAPHIE Patrick Bourgeois et Les BB

LES BB (1989)
1. *Fais attention*
2. *Ton île*
3. *Loulou*
4. *Le gamin*
5. *Rose café*
6. *T'es dans la lune*
7. *Parfums du passé*
8. *Ça rend fou*
9. *Twist de nuit*

SNOB (1991)
1. *Snob*
2. *Donne-moi ma chance*
3. *Soir de septembre*
4. *Seul au combat*
5. *Comme un loup*
6. *Le cœur à côté du lit*
7. *Cavalière*
8. *Sans un mot*
9. *La sirène*
10. *Voyou*

UNE NUIT AVEC LES BB (1993)
1. *Loulou*
2. *Le cœur à côté du lit*
3. *Parfums du passé*
4. *Seul au combat*
5. *Soir de septembre*
6. *Donne-moi ma chance*
7. *La sirène*
8. *T'es dans la lune*
9. *Rose café*
10. *Fais gaffe mon jack*
11. *Fais attention*
12. *Voyou*
13. *Snob*

3 (1994)
1. *Tu ne sauras jamais*
2. *Triste cirque*
3. *L'éternel est éphémère*
4. *La fille à deux sous*
5. *L'homme de ta vie*
6. *Je tends les bras*
7. *Il est seul*
8. *L'âge fou*
9. *Je n'aurai pas le temps*
10. *Et tourne le vent*

PATRICK BOURGEOIS (1998)
1. *Là où l'amour m'attend*
2. *Entendre la mer*
3. *La vie appelle tout bas*
4. *Laisse-moi pas t'laisser*
5. *Rien faire*
6. *Ne réponds pas*
7. *En fermant les yeux*
8. *J'ai jamais su comment*
9. *Souvent*
10. *Assez*

INEXPLORÉ (2001)
1. *Clichés*
2. *Dans son cœur de fille*
3. *Martine est lasse*
4. *Le tour du Soleil*
5. *T'avoir rencontrée*
6. *L'homme invisible*
7. *L'explorateur*
8. *Aux voleurs*
9. *Avant qu'l'amour s'en aille*
10. *Fuir*
11. *Amazone*
12. *Le téléphone*
13. *Love Me (Please Love Me)*

BONHEUR FACILE (2004)

1. Bonheur facile
2. L'Étoile du Texaco
3. … ton cœur qui bat
4. Je m'ennuie comme je t'aime
5. Je monte avec toi
6. Autre chose
7. Dernier mot
8. Au sommet
9. La dérive des rêves
10. Encore
11. Arrivé de la Lune

TOUS LES SUCCÈS (2007)

1. Fais attention
2. Loulou
3. Donne-moi ma chance
4. Tu ne sauras jamais
5. Snob
6. T'es dans la lune
7. Parfums du passé
8. Seul au combat
9. Je tends les bras
10. Là où l'amour m'attend (Patrick Bourgeois)
11. Rassurez-moi docteur (François Jean)
12. Rose café '93
13. Interview avec Les BB

UNIVERS (2011)

1. Univers
2. Tu m'oublieras
3. Je suis à toi
4. Le temps s'en va
5. Je te donnerai
6. Moi-même
7. Résistant
8. Fou de nous
9. Le bien que tu m'as fait
10. Tant que tournera le monde
11. Sept fleurs

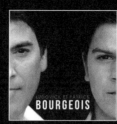

LUDOVICK ET PATRICK BOURGEOIS (2015)

1. Jolie Louise | Daniel Lanois
2. Flowers Never Bend with the Rainfall | Simon & Garfunkel
3. Welcome soleil | Jim et Bertrand
4. Take It Easy | Eagles
5. Elle s'en va | Patrick Norman
6. Mrs. Robinson | Simon & Garfunkel
7. Take Me Home, Country Roads | John Denver
8. Tout pour l'amour | adaptation française de Lovin' You Ain't Easy | Michel Pagliaro
9. Wake Up Little Suzie | Everly Brothers
10. That Old Wheel | Johnny Cash & Hank Williams, Jr.
11. Les Dalton | Joe Dassin

LES BB – 25 ANS (2015)

1. Loulou (avec Matt Laurent)
2. T'es dans la lune (avec Blé)
3. Fais attention (avec Damien Robitaille)
4. Parfums du passé (avec Valérie Carpentier)
5. Donne-moi ma chance (avec Roch Voisine)
6. Snob (avec Jean-Marc Couture)
7. Seul au combat (avec Les Denis Drolet)
8. Voyou (avec Michel Louvain)
9. La sirène (avec Antoine Gratton)
10. Je tends les bras (avec Mara Tremblay)
11. Tu ne sauras jamais (Avec Véronic DiCaire)

CRÉDITS PHOTOGRAPHIQUES

Plusieurs photos utilisées dans ce livre proviennent des archives personnelles de Patrick Bourgeois et certaines ont été prises il y a plusieurs dizaines d'années. Malgré tous nos efforts et notre bonne volonté, il nous a été impossible de retracer les sources originales de chacune des images.
Les Éditions La Semaine s'excusent pour toute erreur ou omission à cet égard.

Légende : (h) haut, (c) centre, (b) bas

Archives de la famille : quatrième de couverture (h) (c), p. 1, 4, 9, 10-17, 19 (h), 20, 23-24, 26, 27-28, 35-37, 39-47, 48 (b), 51-52, 55, 58, 62, 65-69, 71 (c) (b), 73, 76, 81, 82 (h), 87 (b), 88, 95 (h), 96, 97, 99, 101, 103, 104, 111, 113, 116, 120, 121, 138, 145, 146-147, 149, 157, 159 (b), 160-161, 166-167, 169, 173, 177, 179 (h), 180, 188, 199 (h), 201 (h), 207-209, 221, 222-223 ;

Archives personnelles de l'auteur : p. 5, 123, 216 ;

Échos Vedettes : quatrième de couverture (b), p. 29, 31, 54, 57, 68, 82 (b), 85, 86-87, 89, 98, 102 (d), 105, 108-109, 129 (b), 130-131, 150, 153, 155, 159 (h), 179 (b), 181, 197 ;

Éric Lanthier : p. 18, 19 (b) ;

François Falardeau : p. 214-215 ;

Georges Dutil : p. 163 ;

Isabelle Raymond : p. 119 ;

Jay Lefebvre : p. 217 ;

Jean Marcotte : p. 21, 63 ;

Les BB site officiel : p. 32, 83, 170-171, 183-184, 191-192, 195, 199 (b), 201 (b), 203-205, 207 ;

Linda Boucher : p. 96, 115, 230 ;

Marie-France Coallier : p. 92-93 ;

Meanbean Records : p. 25 ;

MusiquePlus : p. 143 ;

Nathalie Houde : p. 210-213 ;

Normand Cyr, collection personnelle : p. 71 (b), 78, 125 ;

Pierre Gendron, collection personnelle : p. 61, 84 ;

Tim Saccenti, Six Media : p. 218 ;

Unidisc Music, collection personnelle de l'auteur : p. 48 (h), 107, 126, 129 (h), 1 51, 164, 174, 175, 187, 202, 224-225 ;

Valérie Gay-Bessette : p. 193.

REMERCIEMENTS

Un gigantesque merci à ma belle amie Mélanie Savard qui m'a beaucoup encouragé dans ce projet. Merci à Ludo, Pénélope et Marie-William, ainsi qu'à José Aumais et Raymond Bourgeois, pour leur confiance. Merci à Alain Lapointe, pour les rencontres dans une pizzéria à Anjou, à Mario Lefebvre, pour l'aide précieuse, et à Nick Carbone, Pierre Gendron et Dino Bartolini, pour m'avoir fait vivre l'époque de la BB mania comme si j'y étais.

À Mitsou, Kathleen, Bruno Landry, Yves P. Pelletier, Nelson Minville, Marc Drouin, Geneviève Lapointe, Louise Cousineau, Pierre Séguin, Geneviève Borne, Stéphane Rousseau, Michel Louvain, Sylvain Cossette, Marie Carmen, Sonia Benezra, Marie Denise Pelletier, Mario Pelchat, Antoine Gratton, Fred St-Gelais, Maxime Lalanne, Jay Lefebvre, Guy Brouillard, Marie-Christine Blais, Claude Rajotte, Pierre Houle, Gildor Roy, Jean-Pierre Isaac, Pierre Véronneau, Normand Cyr, Éric Lanthier, Tyrone Foster et aux membres de Chromeo : un immense merci d'avoir partagé avec moi les beaux souvenirs que vous aviez avec Patrick. Merci à Nathalie Houde et à François Falardeau, les plus grands fans de Patrick et des BB. Votre passion est contagieuse.

Merci à Sylvie Bourgeault, de TVA Publications, pour les précieuses photos. Merci à Hélène Fleury, pour l'aide aux archives ainsi qu'à Lyne Bédard pour l'aide précieuse pour la photo de couverture. Merci à Valérie Roy pour les conseils judicieux. Merci à mon amie Linda Boucher pour les photos et aux autres photographes dont les œuvres se retrouvent dans ce livre.

Un gros merci à Isabel Tardif, ma super éditrice. Ce fut un projet de fou et nous avons réussi ! Merci à Judith Landry, la directrice générale des Éditions La Semaine, de m'appuyer dans mes projets littéraires. Merci à mon cher mari, Andrew McNally, mon premier lecteur, celui qui m'encourage et qui me pousse. Et à chacun de mes proches que je n'ai pratiquement pas vus depuis six mois, merci de votre patience !

Un jour, avant que je devienne auteur, un biographe m'a glissé à l'oreille qu'écrire une biographie, c'était mettre sa vie en suspens pour se consacrer à celle d'un autre. Il n'a jamais si bien dit. Ce projet a été incroyable et beaucoup plus long que prévu. Mais ç'a été un plaisir de lire, d'écouter et de trouver tout ce que je pouvais sur mon ami Patrick Bourgeois.

Merci à toi, cher Patrick, pour l'amitié et la confiance que tu m'as toujours accordées de ton vivant, et qui ont fait en sorte que j'ai décidé de me lancer dans ce projet après ta mort. C'est ma façon à moi de te rendre hommage. Me voilà presque un spécialiste de toi et des BB : c'est un honneur !

TABLE DES MATIÈRES